歴史文化ライブラリー

512

ものがたる近世琉球

喫煙・園芸・豚飼育の考古学

石井龍太

吉川弘文館

目　次

園　芸

琉球諸島と考古学――プロローグ

琉球諸島の位置

ユーラシア大陸の東海岸に沿って、島々が並んでいる（図1）。端に立てば隣の島がみえるほどの距離で並ぶこの島々は四つの弧を描き、大陸との間にそれぞれ内海を形作っている。北から順にオホーツク海、日本海、東シナ海、南シナ海である。

本書の舞台となる琉球諸島は、東シナ海の南東に位置する。ここから北東を眺めれば、奄美《あまみ》諸島、吐噶喇《とから》列島、薩南《さつなん》諸島を経て九州島へと長く連なる。南には台湾が隣接し、さらにフィリピン、東南アジアへと島々は連なる。そして内海の東シナ海をはさんで西には中国の沿岸地域が、北西には朝鮮半島が対面する。琉球諸島は東シナ海世界の要所であり、

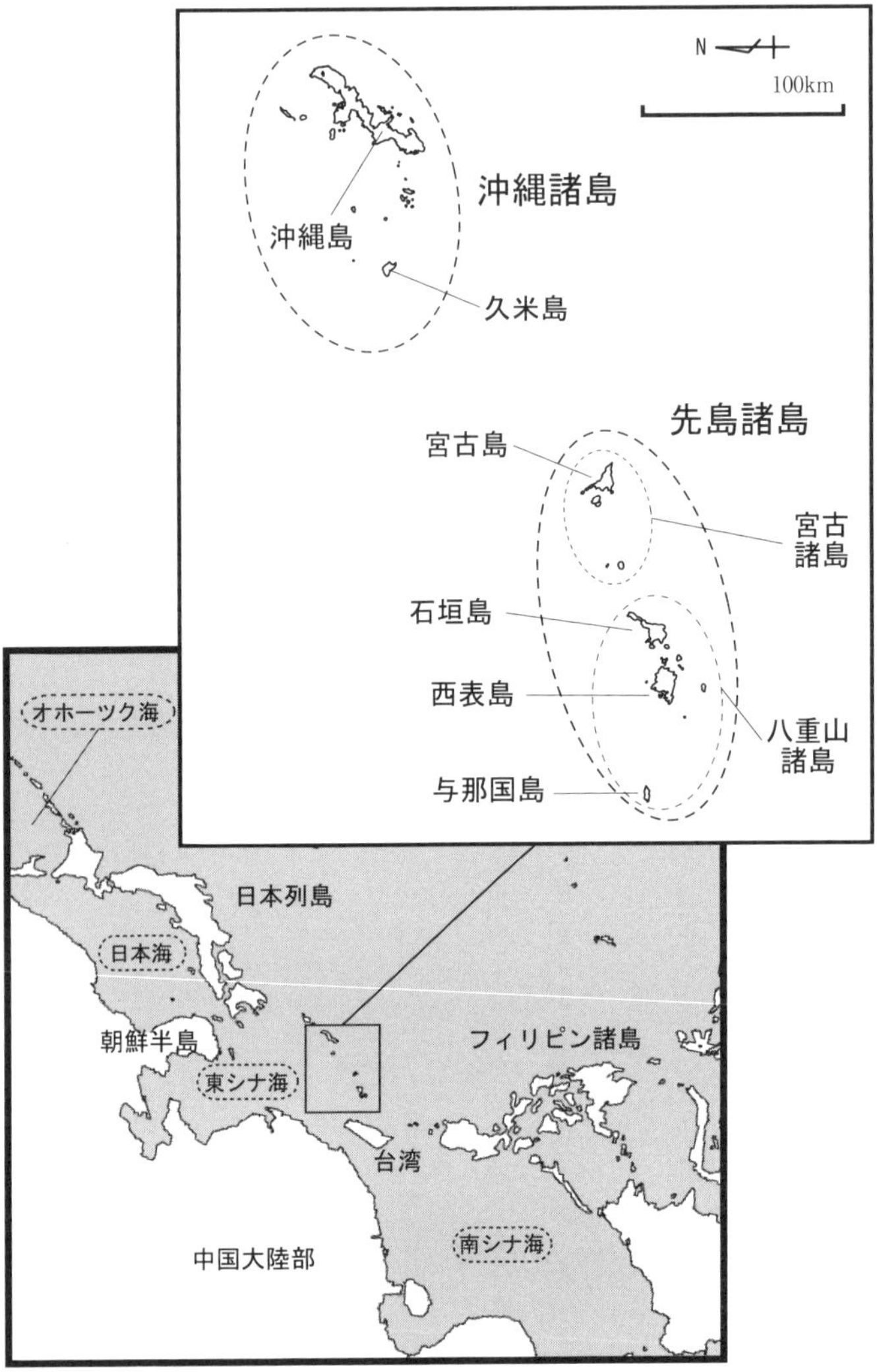
N
100km
沖縄諸島
沖縄島
久米島
先島諸島
宮古島
宮古
諸島
石垣島
西表島
八重山
諸島
与那国島
オホーツク海
日本列島
日本海
朝鮮半島
東シナ海
フィリピン諸島
台湾
中国大陸部
南シナ海

図１　琉球諸島の位置

様々な地域の影響があちこちにみられる。

琉球諸島の個性

一方で、東京—大阪間に匹敵するほど長く連なる島々が一様であるわけもない。琉球諸島は、宮古凹地《みやこおうち》と呼ばれる久米島《くめじま》と宮古島《みやこじま》の間に広がる海の隔たりによって大きく沖縄諸島、先島諸島《さきしま》に二分される。さらに先島諸島は宮古諸島、八重山《やえやま》諸島に二分される。この三地域はやがて首里《しゅり》を中心とする一つの政治的な領域、琉球王国の中に取り込まれ、近代には日本国沖縄県としてひとまとめにされているが、それぞれが強い個性を持ち続け、現在に至る。

本書は、この興味の尽きない琉球諸島の歴史上、とくに筆者が興味を寄せる「近世琉球」という時代を扱う。文献による政治史の区分では、近世琉球は一六〇九年の薩摩《さつま》侵攻から一八七九年の琉球処分の終了まで、考古学者である筆者の立場からは、おおむね一六世紀から一九世紀に渡る時代（石井二〇一四、二〇一八）とされている。現代に直接つながる要素が多く生み出された、重要な意味を持つ時代である。

「近世考古学」の始まり

「近世琉球」史の研究は文献史料を中心に行われ、その他の分野からの参加はほとんどなかったといってよいだろう。一方で同じ時期の日本列島の「近世」、あるいは「安土桃山時代」「江戸時代」の研究には、「近世考古学」と呼ばれる領域が存在する。「古を考える学問」と書いて「考古学」なのだから、「近世」を扱うと言うといまだに不思議な顔をされてしまうのだが、一〇〇年程前から言及されてきた。たとえば浜田耕作氏は、考古学研究の分野は時代を問わないとし、文献史料との親密な関係の必要性を述べている（浜田一九二二）。

ただこの分野が発展していったのは戦後になってからだった。一九六〇年には中川成夫氏が「歴史考古学」について述べており、考古学と関連緒学の協力研究がこの分野を発展させると述べている（中川一九八五a）。そして一九七〇年に中川成夫・加藤晋平氏は学会発表「近世考古学の提唱」を行い、考古学の定義にその対象とする時間の限定はされていないとし、歴史考古学の対象を近世まで広げる必要性を説いている（中川一九八五b）。こうしてみると、「近世考古学」は当初から、考古学的手法のみにこだわらない総合学的な色彩を帯びていることがうかがえる。早くからこうした姿勢を標榜してきたのは、すでに文献史学の研究蓄積が先行して大きく存在していたからであろう。

「江戸考古学」からみた近世

一九八〇年代には、古泉弘氏が地域としての江戸を一つの巨大な遺跡として捉えた「江戸考古学」の推進を提唱した（古泉一九八三）。また、

・国産磁器の開始
・煙管《キセル》の出土（喫煙の風習の物質的なあらわれ）
・板碑《いたび》の消滅

などを挙げ、「近世的な物質文化としての特質」を見出すことができそうである、と今後の見通しを述べている。そして古泉氏は、近世考古学の研究成果自体がそのまま近世学の成果として認知されるという、「能動的な近世学へのアプローチ」が重要であるとした（古泉一九八九）。

「近代考古学」からみた近代

古泉氏は近世の始まりについて言及したが、では近世の終わり＝近代の始まりは考古学からみた場合どうなるだろうか。福田敏一氏は近代の始まりを「若干の工業製品に関する国産技術の確立という意味合い」に求め、「おおむね明治二〇（一八八七）年ころを境にして若干の考古遺物（陶磁器、硝子《ガラス》製品など）や遺構（上下水道や煉瓦製建築物など）に技術革新もしくは国産品の出現が認められるように思う。」とする。そして具体的な変化として、以下のような事例を挙げている（福田二〇〇八）。

・国産磁器の型紙による文様添付技術

・新たな飲料物需要増加にともなう各種硝子ビンの国産化
・鉄道網発達にともなう汽車土瓶という新たな雑器の誕生
・通信技術や電気産業発展にともなう絶縁体の国産化
・加圧式水道設置にともなう鉄管の出現
・機械による大量の建築用煉瓦《れんが》の生産
・ポルトランドセメント国産品の一般的供給
・鉄道技術に関する西洋技術教育からの脱却

福田氏の見解は、江戸時代の技術の延長発展とともに、鉄道や通信といった新たな産業の登場と連動させて論じている点で興味深い。そしてこうした変化が、文献史学の研究成果による近代の始まりよりやや遅れて、一九世紀後半代に顕在化する点も注目すべきといえるだろう。

「近世琉球考古学」の今

近世考古学の発展と展開に比べ、「近世琉球考古学」はどうだろうか。この時期の遺跡自体は一九八〇年代には調査され、データは蓄積され続けている。また近世琉球に留まらず、世界遺産登録されたグスク遺跡群や、悲惨な地上戦となった沖縄戦の遺跡である戦跡遺跡等、グスク時代（九州以北の中世並行期）～近現代の考古学に対する関心は強い。

しかし、蓄積されたデータを基に、考古学の手法で行われる研究はグスク時代までがほとんどで、それ以後の時期になると研究は活発とはいえない。個別具体的なデータを踏まえて、では当時の琉球諸島が一体どのようなだったのか、という歴史観、歴史像まで踏み込んだ議論は積極的になされてこなかったといえる。それどころか、個別の事例研究も盛んとはいえず、瓦《かわら》、擂鉢《すりばち》、灰釉碗《かいゆうわん》、厨子甕《ずしかめ》の研究等のほか、窯業《ようぎょう》生産全体の展開についての研究はあるものの、多くの研究者が熱心に議論を戦わせているとはいえないのが現状である。

近世琉球のトレンチ調査

今日までに蓄積された近世琉球に関するデータは、考古資料のみならず文献史料、民俗誌はじめ莫大な量に上る。残念ながら、筆者には多種多様な史資料を駆使して「近世琉球」全体を掘り下げる超人的力はない。

そこで本書では、近世琉球という時代を理解するため、この時代の「トレンチ調査」を行ってみたい。これは考古学の発掘方法のひとつで、広大な遺跡を全部ひっくり返して調べるのが難しい時、ここぞと思われる地点を掘り下げて全体を推察する調査方法である。とくに予算や期間の制約が厳しい学術調査等でよく行われ、筆者にとってはお馴染みである。

三つの文化

では近世琉球という巨大な対象を捉えるために、どこにトレンチを設けるか。本書は、喫煙、園芸、豚飼育の三つの文化を掘り下げていくことにする。いずれも一六世紀以降を中心に、近世琉球期に極めて重視され、その後も各地の遺跡に長く認めることができる文化である。ということは、近世琉球期の社会が必要と強く求め、力を注いだものであると考えられる。さらにこの三つは外来の文化であり、時に輸入により賄われていたことから、周辺諸地域との交流を知る上でも重要である。

そして本書には、歴史考古学の手法を用いて得られた遺跡のデータ、さらに遺物、遺構といった物質文化の研究成果をふんだんに盛り込む。こうした「もの」は、往時の人々が実際に生み出し用いていた重要な一次資料である。タイトルにあるように、本書では近世琉球の「もの」から雄弁な「ものがたり」を引き出すことにしよう。

ただ筆者は考古学的研究を重視するが、その成果を用いて文献史学を批判することを目的としない。先人たちが築いてきた近世考古学のあり方がそうであるように、本書も考古学的手法に留まらず、文献史料、民俗資料も可能な限り活用して論を進め、それぞれの成果を持ち寄ることで研究を深める方法を採っていくことにする。

喫煙

喫煙の考古学

喫煙文化という「矛盾」

世界中で、建物、乗り物はもちろん、道路や公園、大学ですら喫煙は厳しく制限されるようになった。喫煙がどれだけ不健康で、不衛生で、不道徳なものであるか、弊害を強調したネガティブキャンペーンが日々盛んに行われている。

こうしたタバコを規制する、禁止する法律や運動は今に始まったわけではない。ちなみに、過去の禁煙令は次々と失敗し撤回されてきた。失敗の理由は諸々考えられるが、最大の理由は人類が喫煙を愛し、親しみ、あたり前に行ってきたからであろう。近年強調される健康被害も、古くから気づかれていたようだ。喫煙行為は健康を害すると知りながら続けられてきたのである。現代人からすればこれは「矛盾」であろうが、世界中で数百年に渡りこの「矛盾」が許容され続けてきた事実は、簡単に片付けられるものではないだろう。

さて喫煙は世界に広まったが、細かくみると喫煙方法は実に多様で、国民性、地域性、あるいは喫煙者の個性などが重なり合って表れている。また「喫煙」をどう考えるかも、時代ごと、地域ごとに違いがある。「喫煙文化」とでも呼ぶべきものが、世界各地で育まれてきた。現代人がどう捉えるかはともかくとして、この歴史は打ち消すことのできない事実である。

喫煙と東アジアの「近世」

そして東アジアでは、喫煙の歴史はおおむね一七世紀から、つまり「近世」という時代のはじまりの時期に、各地で相次いで開始される。あの香りを伴う独特のしぐさを、身分、性別、年齢を問わず、皆が日常的にこぞってやり始めたのである。喫煙は「近世」という時代を象徴する行為といえるだろう。ならば、もし現代社会の禁煙運動がついに勝利し、人類が喫煙と決別するなら、アジアの「近世」の重要要素が消滅することにもなるだろう。また一つ、「近世」という時代が終わることになるかもしれない。

本章の主題は、琉球諸島で行われた喫煙である。タバコ起源地のアメリカ大陸から最も遠い東アジアの一角であり、にもかかわらず起源地との共通点もみられる。考古学的視点を軸として、喫煙を切り口に近世琉球史に迫ってみたい。

「吸う」「嗅ぐ」「噛む」

世界の喫煙方法は、「吸う」「嗅《か》ぐ」「噛《か》む」の大きく三種類に分類される。燃焼させ煙にして口内から吸収する「吸う」喫煙は、さらにシガレットスモーキングとパイプスモーキングの大きく二種類に分類される。シガー（葉巻）、シガレット（紙巻きたばこ）を用いるシガレットスモーキングは主に南米で発達した。一方、パイプやキセルと呼ばれる道具を用いるパイプスモーキングは主に北米、中米で発達したという。タバコの原産地であり、喫煙行為の発祥の地とされるアメリカ大陸では、七世紀にはパイプを使った喫煙が開始されていたとされる（鈴木二〇一五ほか）。

煙や粉末にして鼻から吸収する「嗅ぐ」喫煙は、主に中南米、フランス、中央アジア、中国で発達してきた。粉末にする場合は入れ物が必要である。フランスのスナッフボックスや中国の鼻煙壺《びえんこ》は、高い芸術性を持つことでも知られている。

そしてタバコを口内で噛み、のみ込まず唾《つば》とともに吐き捨てる「噛む」喫煙も古くからあると考えられているが、今のところ手掛かりとなる資料に乏しい。

さて喫煙は少し前まで世界中でありふれた行為の一つだったが、その歴史を研究するための手掛かりは意外に少ない。「吸う」「嗅ぐ」「噛む」いずれの方法でも、タバコそのものは煙になったり砕かれたりなどして消えてしまう。そして過去の喫煙の様子を詳細に記す資料も決して多いわけではない。ごくごく日常的な習俗だった喫煙行為は、それゆえに記録にも残りにくかったのであろう。

喫煙の考古学

では証拠を残さない喫煙文化を追究するにはどうするか。各地の遺跡から出土する喫煙具は重要な手掛かりとなる。葉巻や紙巻タバコによるシガレットスモーキングは喫煙具をともなわないため分析は困難だが、本書で対象とする東アジアは「キセル」と呼ばれる喫煙具を用いたパイプスモーキングが普及した地域だった。日本列島では近世以降の遺跡から喫煙具が出土する例は多い。遺跡出土の喫煙具の研究は、アジアの人間がこれほどまでに慣れ親しんだ喫煙がどのように伝来し、各地でどのように展開したのかを追究する重要な手掛かりなのである。

そして喫煙は身分、性別を問わず普及した。その社会が喫煙具を用いる文化を持っていれば、喫煙具もその社会の中で普遍的性質を持つこととなり、社会全体を見渡す手掛りともなるであろう。喫煙の考古学は一つの文化研究に留まらない、大きな意味を持っているのである。

喫煙の来た道

一五世紀になると、ヨーロッパ諸国はアメリカ大陸の植民地化を進めていくが、これにともない、喫煙習慣は世界に広がっていく。植民地に赴いた船員、兵士、商人、宣教師といった西洋人たちは、主に「吸う」、一部に「嗅ぐ」「噛む」喫煙を身につけたのであろう。おりしも大航海時代にあたり、彼らは喫煙を自らの習慣としたまま世界各地を訪れた。喫煙が全世界的な規模で広がっていったのは、こうした時代背景があってのことと考えられる。喫煙はウエスタンインパクトのひとつだったが、しかし強制ではなく、世界中で受け入れられたことも見落としてはならない。

そして喫煙はアジアに到来する。東南アジアへの喫煙伝来については不明な点が多いが、ミャンマー、ラオスではそれぞれ特徴的なパイプが出土している。ポルトガル、オランダ、スペインといった、この地域に関心を持ち接触・干渉を繰り返してきた西洋諸国の人々によって、主に「吸う」喫煙が伝来した可能性はあるだろう。南アジアとの関係もあるかもしれない。

原産地からみて地球の裏側にあたる日本列島への喫煙伝来期は、一六世紀末ころ（鈴木一九九九、谷田二〇〇〇）とされる。コロンブスたちが喫煙に遭遇してからわずか一〇〇年余り後には、地球の裏側にあたる日本列島まで喫煙は広がっていたことになる。東アジアへの喫煙伝来はまさに近世の初期にあたり、その後日常的な習慣として普及したことを考えると、やはり喫煙は近世という時代を象徴する行為といえるだろう。

こうした急速な拡大の背景には、さらに経済的側面を指摘する意見もある。東アジアの「近世」論を展開した岸本美緒氏は、近世にアジアへタバコが伝来、普及した事実を積極的に評価する。集約的農法を必要とする商品作物であるタバコは、山間部の畑作地帯に適しているものの、生産に当てられる面積が増えれば食料不足を招くため、同じく山間部に適した甘藷《かんしょ》やトウモロコシ栽培と結びつく「山区経済」が展開したとしている（岸本一九九八）。

近世琉球のキセル

アジア全体を見渡すと、「吸う」「嗅ぐ」「噛む」三種の喫煙すべてが行われたが、とりわけ「吸う」喫煙は広く普及し今日に至る。琉球諸島でも「吸う」喫煙が伝来し普及したが、「嗅ぐ」「噛む」喫煙については今のところ史資料にみつけることができない。遺跡からタバコが出土することはまずないが、喫煙具は良く出土する。琉球諸島の「吸う」喫煙は、「キセル」「チシリ」等と呼ばれる喫煙具を使用してきた（図2－1）。考古学的な喫煙研究では、キセルからどれだけの情報を引き出せるかが重要になってくる。

本書ではまずキセルを分類、分析し、そこからみえる喫煙文化を探ってみよう。

考古資料にみるキセル

日本列島の遺跡から出土するキセルの大半は、タバコを燃焼させる火皿、火皿から伸びる雁首《がんくび》、口をつける吸口《すいくち》、雁首と吸口をつなぐ羅宇《らう》が別々に作られた、主に金属素材によるキセルである。しかし琉球諸島の遺跡から出土するキセルは、素材も形態も様々である。

本書では沖縄諸島、宮古諸島、八重山《やえやま》諸島の三地域それぞれで、形態を主に、素材を従として、両者の組み合わせをみながら分類した（図2－2）。琉球諸島の喫煙具の全体像を眺めると、地域ごとに個性あるキセルが分布していることがわかる。

パイプ形・無釉陶器製《むゆうとうきせい》キセルは、沖縄島那覇市の湧田古窯跡《わくたこようあと》、読《よみ》谷村《たんそん》の喜名焼《きなやき》古窯跡、石垣島《いしがきじま》の黒石川《ふーしなー》古窯跡といった各地の生産遺跡から出土し、琉球諸島各地の消費遺跡でも多く出土することから、近世琉球の最も一般的なキセルだったと考えられる。また日本列島、台湾、中国といった周辺地域からは出土していないことから、主に琉球諸島の中で消費されたキセルだと考えられる。

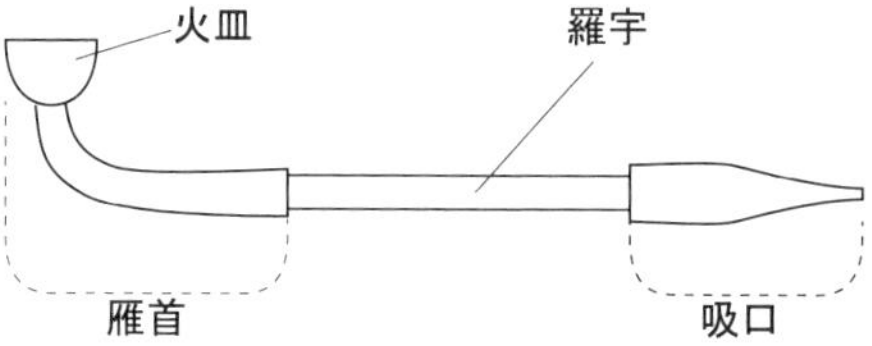

図2－1　キセル部分名称

今のところ最古の年代が与えられる出土資料は、首里城跡御内原《おうちばら》

特徴他
横断面が概ね円形を呈し、両側縁が直線的である。 線刻を施すもの、膨らみを作り出したものなど、様々な形状が見られる。側面と底面を貫通した紐通しと推察される穴が設けられる例もある。
火皿から底部に向け曲線的に窄まる。底面には紐通しと推察される穴が設けられる。
火皿と直線的な肩部が連結する。火皿と胴部の表面に幅広い面取りが施される。断面八角形を呈するものが主体となるが、九、十角形のもの、また下面に紐通しが設けられるものも稀に認められる。小豆色が多い。
肩部の表面に細かい面取りが施され、断面がほとんど円形を呈する。火皿の表面は、肩部と同じ面取りが施されるものと、パイプ形Ａと同じく幅広の面取りが施されるものとがある。赤色が多い。八重山地域には大型品が見られる。
面取り成形が明瞭でなく、不整形。胎土に白色粘土が混入するものも見られる。 湧田古窯跡地下駐車場地区ではパイプ形Ａ・無釉陶器製キセルよりも下層から出土する傾向があり、より古くに生産されていたと推察される。
火皿が下まで伸び、側面から肩部が伸びる。長崎で類例が出土しており、注目される。
面取りを施さず、火皿の底部が窄まり断面逆三角形を呈する。肩部は短い。出土例は少ない。火皿の下面に人面を陰刻した例もある。

5cm

諸島のキセル分類

大分類	小分類・図版	
筒状キセル	柱状形	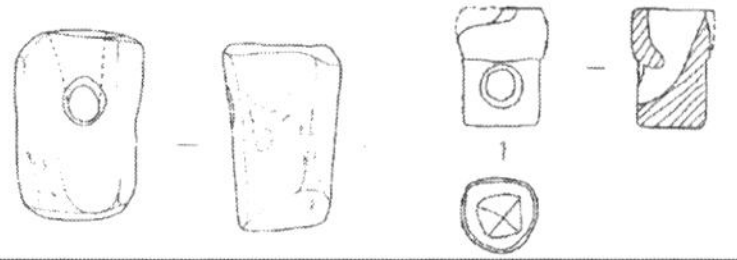
	釣鐘形	
パイプ形・無釉陶器製	パイプ形 A ・無釉陶器製	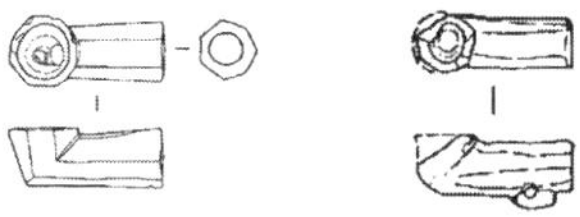
	パイプ形 B ・無釉陶器製	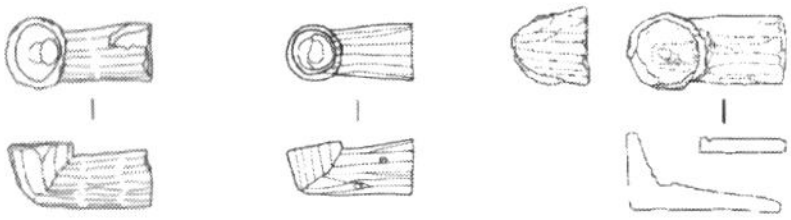
	パイプ形 C ・無釉陶器製	
	パイプ形 D ・無釉陶器製	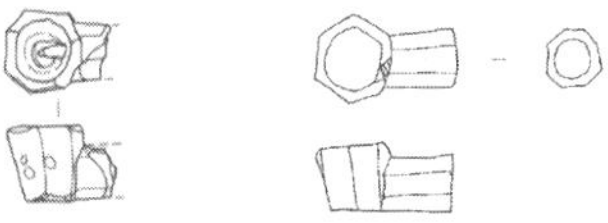
	パイプ形 E ・無釉陶器製	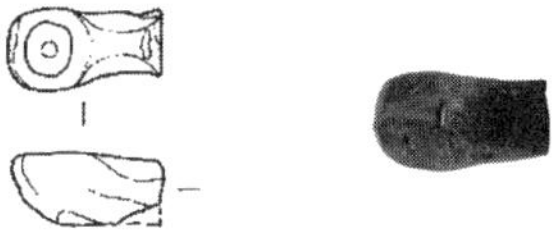

図2-2-1　琉球

特徴他
雁首は火皿と胴部が連結している。全体的に丸みを帯びる。火皿は直径が1cm 前後と小型である。また吸口を伴う。八重山地域には大型の吸口が見られる。 白色の陶土に、白、緑の釉薬を施すものが多い。陰刻、彩色による紋様を持つものも見られる。
青銅製の雁首・吸口、木製の羅宇が別々に作られ、連結させて用いられる。日本列島の江戸時代の遺跡から多く出土するものと同様である。火皿の大きさ、油返し（火皿から伸びる湾曲部）の形状等からさらに細分できる。 雍正二年（1724年）と銘書きされた北谷町山川原古墓群の蔵骨器No.1から出土している。
雁首、羅宇、吸口が一体となる。火皿は一様に小型である。形状は多様である。肩部に装飾や銘を施す例が稀に見られる。 羅宇に当たる部分が扁平となる「刀豆キセル」も出土している。
半透明で黄色味がかったパイプ形・蠟石製キセルが、湧田古窯跡行政棟地区から出土している。形態は前述のパイプ形・施釉陶器製キセルと類似する。

5cm

諸島のキセル分類

大分類	小分類・図版
パイプ形・施釉陶器製	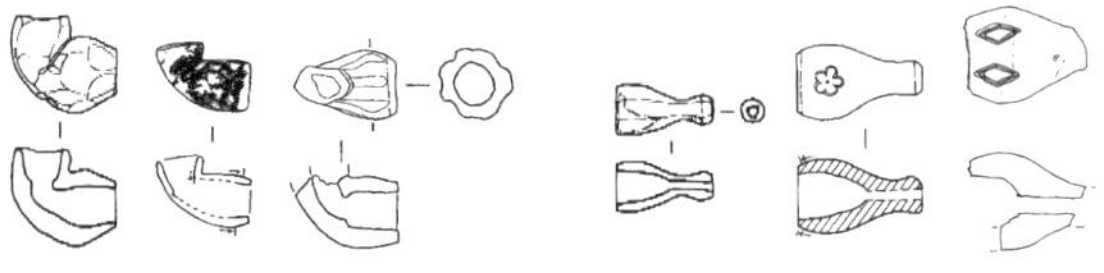
パイプ形・金属製	分離型 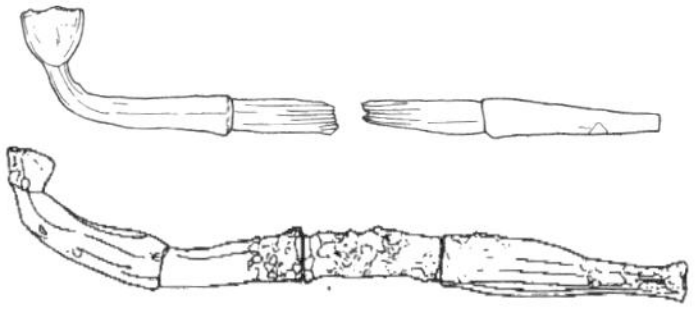
	一体型 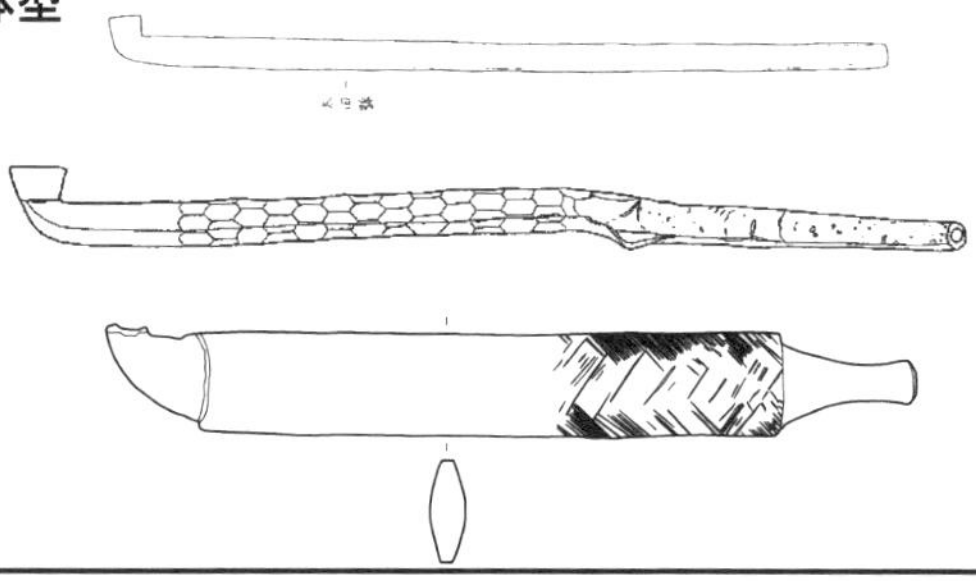
その他	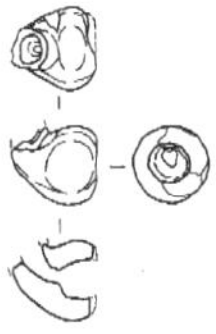

図2-2-2　琉球

北地区から出土した、一七世紀前半に位置づけられるパイプ形A・無釉陶器製キセルであろう。「シーリ遺構」と呼ばれるごみ穴から出土し、一緒に出土した陶磁器から年代がわかる資料である。ただし図2－2－1にある通り、無釉陶器製キセルはパイプ形Aよりもパイプ形Cが先行すると考えられるため、年代はさらにさかのぼる可能性がある。

また同じく窯業《ようぎょう》製品であるパイプ形・施釉陶器製《せゆうとうきせい》キセルもよくみられる。首里城跡の出土資料には中国からの輸入品とされるものもあるが、大半は琉球産であろう。同時期の日本列島が金属製キセルに占められているのと対照的である。琉球諸島は日本列島と異なり、陶製キセルを多く用いる特殊な地域だったようだ。キセルは日用品で大量に作らなければならないが、琉球諸島にはそれほど豊富な金属資源はない。素材と技術の制約が琉球諸島における喫煙具の違いを生み出しているのかもしれない。

文献史料にみるキセル

琉球諸島の遺跡からは多様なキセルが出土するが、文献史料にもまたキセルについて記述したものが散見され、中には考古資料にみられないキセルもある。キセル研究には様々な史資料からのアプローチが必要なのである。

【高麗《こうらい》きせる】複数の文献史料に登場する。『聞得大君加那志様御新下日記《きこえおおぎみかなしさまおあらおりにっき》』（一八四〇年）には多くの喫煙具が登場し、「御たはこ美きせる（中城王子《なかぐすくおうじ》）」「御きせる四対」「客きせる八対」とともに、「高麗きせる三拾」と記載される（法政大学沖縄文化研究所一九八四）。「高麗きせる」は他のキセルと比してずば抜けて数が多く、特別なものでないことをうかがわせる。

ペリー来琉関係の記事である『亜船来着并天久《あめく》寺止宿之亜人唐人等日記』（一八五三年）には、九月七日に泊矼《とまりはし》辺りに上陸したアメリカ人が市場で「高麗きせる一」を買って唐銭《とうせん》六文を投げ置き、九月八日の記事には同じく泊市で「高麗きせる」を買い「唐銭七文」を「投置」いたことが記録されている（沖縄県沖縄史料編集所一九八二）。アメリカ人たちは価格を知って購入したわけではなく適当な支払いを行っていたため、必ずしもこの金額を正当な価とすることはできないが、粗末なキセルだったことがうかがえる。

鎌倉芳太郎氏による「陶磁工ノ研究」には、「高麗キセルノ土」という記載があり、沖縄本島名護《なご》の白土、その後は恩納《おんな》の白土や赤土を精錬して用いていたという（沖縄県立芸術大学附属研究所・波照間永吉二〇〇四）。なお「高麗」は朝鮮半島の王朝名であるが、『琉球国由来記《りゅうきゅうこくゆらいき》』（一七一三年）では、琉球国王が薩摩《さつま》から招致した「高麗人」の陶工について触れ、彼らによって生み出された焼物を「高麗焼」と呼ぶとしている（伊波ほか一九四〇）。「高麗きせる」は陶製キセルとみて間違いないだろう。

以上の史資料の検討から、「高麗きせる」は安価に市場で流通していた陶製のキセルということになる。出土した考古資料のうち、パイプ形・無釉陶器製、あるいはパイプ形・施釉陶器製キセルに絞られるが、いずれか定めがたいのは歯がゆいところである。

【今焼きせる】『朝鮮人拾壱人慶良間島《けらまとう》漂着馬艦船《マーランせん》を以送越候日記』では、丑《うし》（一七三三年）十二月三日に「今焼きせる拾」が提供されている（琉球王国評定所文書編集委員会一九八八）。「今焼」とあることから、おそらく「今焼きせる」は陶製キセルのことであろう。同じく陶製キセルの「高麗きせる」は一九世紀の史料ばかりだったが、「今焼きせる」が陶製キセルを指すのなら、すでに一八世紀前半には陶製キセルが存在していたことになる。

一般に沖縄産施釉陶器は「ジョウヤチ」といい、「上焼」の字をあてる。無釉陶器は「アラヤチ」や「アカヌムー」等に分類され、「荒焼」「赤焼」の字をあてる。しかしいずれも「今焼」と呼ばれることはない。『琉球王国評定所文書《りゅうきゅうおうこくひょうじょうしょもんじょ》』にはよく「上焼」が登場するが、「荒焼」はみられない。一方で「今焼」は頻出していることから、あるいは無釉陶器のいずれかを指す古語であるかもしれない。

【鍮鉐《ちゅうせき》きせる】真鍮製《しんちゅうせい》のキセルであろう。前述した『朝鮮人拾壱人慶良間島漂着馬艦船を以送越候日記』には、雍正十一（一七三三）年二月二十三日、漂着した朝鮮人へ「鍮鉐

きせる拾ツ　竿共」を提供したことが記され、一八世紀前半の琉球諸島には存在したことを示している。「竿」は雁首と吸口をつなぐ羅宇を意味する言葉であろう。従ってこれはパイプ形・金属製（分離型）のキセルを指すと考えられる。

『英人来着日記』では、未《ひつじ》（一八四七年）五月二十一日から八月二十三日までにイギリス人たちに提供された物品一覧の中に、「鍮鉐大皿きせる壱通」がみられる（琉球王国評定所文書編集委員会一九八九）。「壱通」とあることから、パイプ形・金属製（分離型）一式を指していると考えられる。そして「大皿」という表現から、火皿の大きさに種類があったことがうかがえる。出土資料をみると、パイプ形・金属製（分離型）の火皿のサイズは確かに大小認められる。

【銀調キセル】金で装飾したパイプ形・金属製（一体型）の刀豆《なたまめ》キセルが首里城《しゆりじよう》から出土しているが、銀のキセルも存在したらしい。『亜人成行守衛方え御届申上候写』（一八五四年）では、アメリカ人へ提供した物品の一覧の中に「銀調きせる一通」がみられる（琉球王国評定所文書編集委員会一九九一）。字面からすれば銀製あるいは銀で装飾したキセルということになろう。

『英人来着日記』（一八四七年）には「連烟筒以白斗咀為佳」がみられ、「きせる之事銀ふかし之事」と註が振られている（琉球王国評定所文書編集委員会一九八九）。「連」とあることから分離型のキセルで、「白斗」は銀メッキがなされた雁首を意味していると考えられる。火皿は大きさだけでなく、素材も多様だったことをうかがわせる。「咀為隹」は吸口について記していると推察されるが、「隹」すなわち鳥の形をした吸口なのだろうか。今のところ出土資料には確認されていない。

【象牙調キセル】『亜船来着并天久寺止宿之亜人唐人等日記』（一八五三年）では、アメリカ人が泊村《とまりむら》の人家に入り込み、「きせるくひ口は象牙調」を強引に抜き取り「唐銭三百七拾九文」を投げ置いたと記録される（沖縄県沖縄史料編集所一九八二）。「くひ口」はキセルの吸口のことであろう。先の「高麗きせる」は唐銭六ないし七文だったことからすれば優に五〇倍以上の価値を与えている。

今のところ出土例、また伝世品《でんせいひん》などにも象牙の吸口は見当たらないが、たばこと塩の博物館所蔵資料には象牙製の吸口がついた中国のキセルがみられ（たばこと塩の博物館二〇〇八ほか）、このキセルも中国からもたらされた可能性があるだろう。

周辺地域のキセル

琉球諸島のキセルを概観した上で、視野を広げ、周辺地域のキセルをみてみよう（図2－3）。そして地域間で比較し、喫煙伝来や喫煙文化の個性についても考えてみたい。

東南アジアの無釉陶器製キセル

一七世紀前半の出土例があるパイプ形・無釉陶器製キセルの起源については不明瞭な点が多い。江戸近世遺跡からも陶製キセルは出土しており、織部焼《おりべやき》キセルや欧米から持ち込まれたクレイパイプが著名である。しかし琉球諸島ではいずれも出土しておらず、またいずれも琉球諸島のパイプ形・陶製キセルとは大きく異なる。中国のキセルとの関連性も、現時点では考えにくい。

一方、東南アジアには陶製の喫煙具が広く分布している。豪華に飾られ、琉球諸島のキ

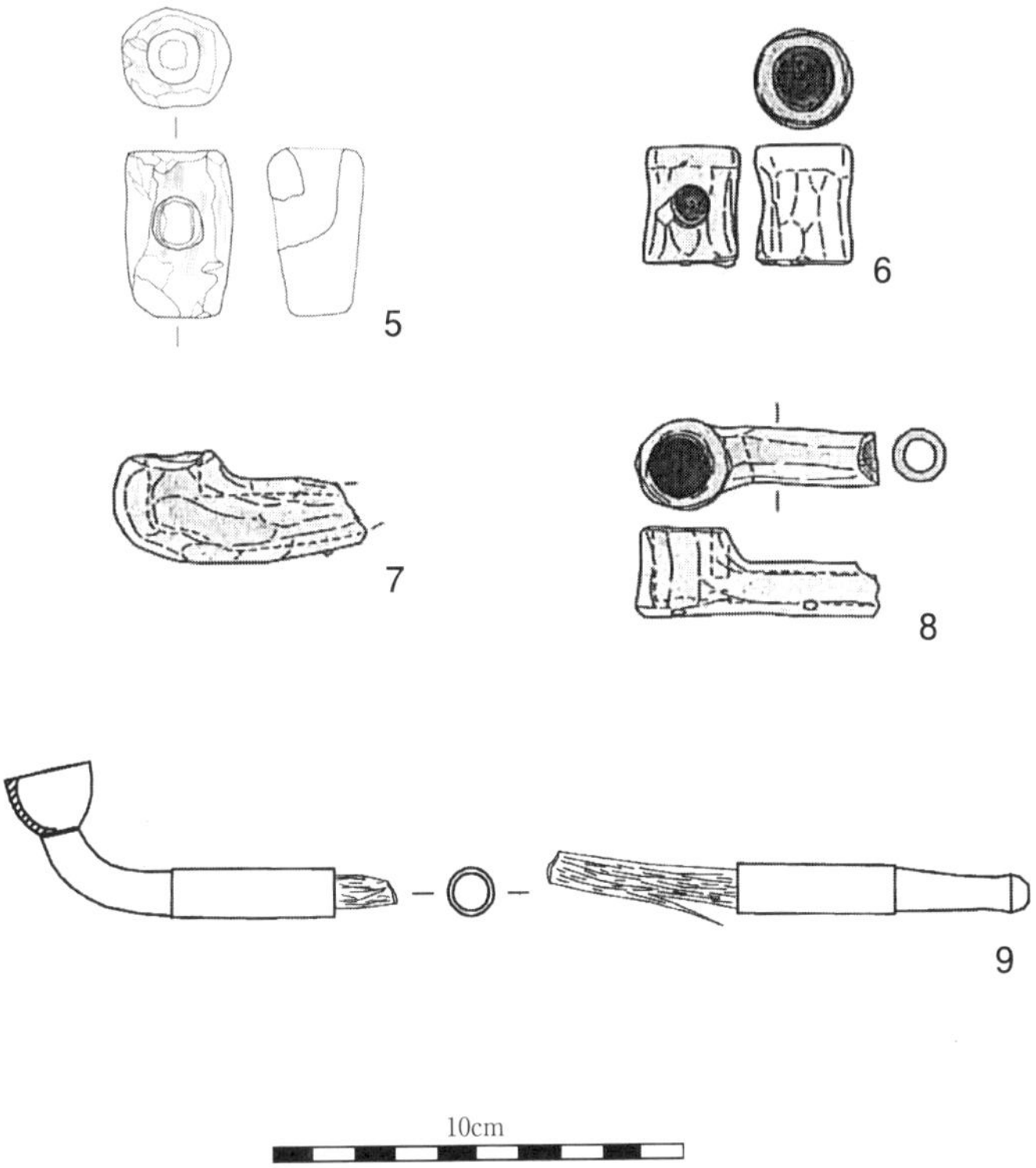

図2-3　周辺地域の類似キセル

1．ベトナム（ホイアン遺跡）

2～4．台湾（淇武蘭遺跡）

5．長崎県（竹松遺跡）

6～8．長崎県（山辺田遺跡）

9．中国（北京市 昌平沙河墓地）

29　周辺地域のキセル

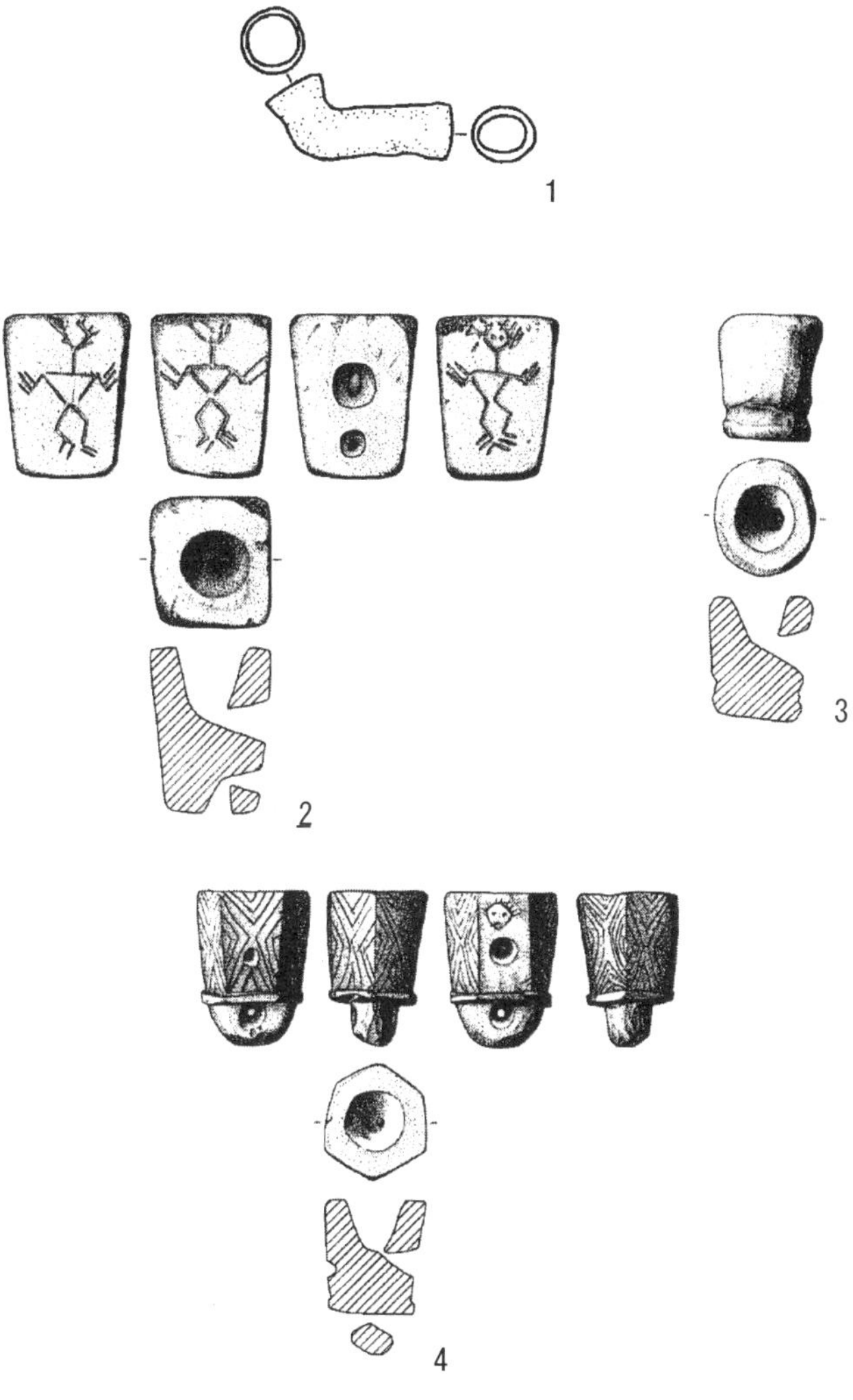

セルとは大きく異なるものも多いが、ベトナムのホイアン遺跡で出土した陶製のパイプ形キセル（一七世紀後半以前　図2-2-1）は簡素で、琉球諸島のパイプ形B・無釉陶器製キセルとよく似ている。ただ簡素だという点で似ているのであって、喫煙機能だけ残せば、互いに関係していなくても同じ形になるであろう。解釈の難しいところである。

台湾の筒状キセル

前述の琉球諸島のキセルのうち、筒状キセルは古手《ふるて》とみなされ、一七世紀以前の遺跡から出土する傾向があるという指摘（島二〇一〇）もあり、喫煙伝来を考える上で重要な手掛かりを秘めている可能性がある。琉球諸島では沖縄諸島、先島諸島とも出土している。とくに宮古島住屋遺跡《みやこじますみや》では様々な形、紋様の資料がまとまって出土し、注目される。

筒状キセルの類例を探すと、よく似た資料が台湾と九州で出土している。台湾では北東部の淇武蘭《キウラン》遺址にて一六世紀後半から一七世紀に位置づけられるキセルが出土している（宜蘭県立蘭陽博物館二〇〇八）。一五九点出土した「無管煙斗」は、琉球諸島の柱状形、釣《つり》鐘《がね》形キセルに形態がよく似ている（図2-3-2〜4）。ただ相違点も少なくない。横断面が四角形や六角形になる資料が多く、紋様は琉球諸島と比べ精緻で、中には琉球諸島の出土例には無い人面を造形したものや人物像を線刻したものがみられる。また琉球諸島の資料にはない、木製や骨製のキセルもみられる。

なお淇武蘭遺跡では「有管煙斗」と呼称されるパイプ形の喫煙具も出土しているが、形状は琉球諸島のパイプ形キセルとは大きく異なる。筒状キセル以外の、台湾とのつながりは不明瞭である。

九州島の筒状キセル、パイプ形キセル

九州地方では長崎県の遺跡で柱状形キセルが出土している（図2－3－5、6）。素材は蛇紋岩《じゃもんがんせい》製のほか、滑石《かっせき》を加工して製作されたものもあり、地元の石材を使っていることから九州で作られたものと考えられる。また土製品や陶製品も確認される。全体的に簡素で、線刻などの紋様を施したものは報告されていない。

これらの資料に注目した竹松《たけまつ》遺跡《いせき》の報告書では、沖縄からの喫煙文化の移入ではないかとし、カトリックに帰依した大名《だいみよう》たちの領地への中国人・南蛮人による移入も想定しつつ、「西彼杵《にしそのぎ》半島周辺や海を隔てた大村湾沿岸の人々など歴史的にも滑石に近い人達による産物であろうか」と慎重な考察を加えている（長崎県教育委員会二〇一七）。また有田町山辺田《やんべた》遺跡では、柱状形・陶製キセルとともにパイプ形の陶製品も出土しており、中には形状がパイプ形Aないしパイプ形Dやパイプ形Cと類似した資料も報告されている（図2

―3―7、8　有田町教育委員会二〇一七）。

キセルからみた琉球諸島への喫煙伝来

台湾出土の筒状キセルは、琉球諸島と比べ多様で、精緻に作られた優品もみられる。一方、九州出土の筒状キセルは柱状形キセルに限られ、琉球諸島と比べ種類が減り、また装飾性は乏しくなる。

年代に不明な点もあり、資料の特徴から推察するよりほかないが、紋様や装飾の比較、喫煙伝来はウエスタンインパクトが先に及んだ東南アジアの方が早かったことを踏まえると、台湾から琉球諸島へ筒状キセルが伝わり、さらに九州島へ筒状キセルの一部とパイプ形キセルが伝播した可能性を指摘できる。九州島にキセルを伝えたのが台湾か琉球諸島かは判然としないが、琉球諸島でみられる種類が伝播していること、台湾には無く琉球諸島にはみられるパイプ形キセルが出土することから、台湾から直接ではなく琉球諸島経由と考えるべきだろう。またパイプ形キセルのルーツは、現時点では東南アジアにあると考えられるが、もう少し資料が揃うのを待ちたいところである。なお筒状キセルは南方から、パイプ形・無釉陶器製キセルは九州以北のパイプ形・金属製キセルを模したものであり九州以北からの喫煙伝来を示すとする見解もある（新垣二〇一九）。

また筒状キセルのみが三地域に広がった点も注目される。筒状キセルがパイプ形キセルよりも先行して登場し、その後交流が途絶えたのだろうか。交流の担い手たちがもっぱら筒状キセルを用いていたからなのか、だとすればそれは何に起因するのか、様々な可能性と論点が残されている。すぐに結論は出せないであろうが、台湾から琉球諸島、九州島へ喫煙習俗が伝来したこと、限られた時間と地域だったとは推察されるものの在地化したことは確認できる。文献史料に語られなかった国際交流が行われたのは間違いないだろう。

喫煙具からみた時、琉球諸島では一七世紀前半までに喫煙習俗が伝来し、パイプ形・無釉陶器製キセル、筒状キセルの二系統の喫煙具がもたらされ、かつ生産されるまで定着していたことがうかがえる。前者の起源は不明瞭だが、東南アジアの陶製キセルには類例がみられ、その後も琉球諸島において受け継がれ展開し、一部は九州まで影響した可能性がある。一方後者の起源は台湾の喫煙具に求めることが可能である。現在の資料状況でこれ以上踏み込むのは難しいが、喫煙は台湾以南の東南アジアから複数ルートで琉球諸島にもたらされたと考えるべきであろう。そして九州出土の筒状キセルは、この伝播ルートが日本列島まで及んでいたことをうかがわせる。

キセルの分析からみえる喫煙伝来は、文献史料と合致するだろうか。これまで、琉球最古の喫煙記録は袋中上人《たいちゅうしょうにん》の『琉球往来』（一六〇二年）とされてきたが、日本列島も含めたキセル、タバコに関する確実な最古の記録ではあるものの、琉球に日本の事物を紹介するためのものであるという見解も示されており（鈴木一九九九）、琉球諸島の喫煙文化がこの年代までさかのぼることを示すとはしがたい。

文献史料からみた琉球諸島への喫煙伝来

今のところ、一六一〇年代の記録が琉球諸島最古の喫煙記録である。江戸時代初期、日本に帰化したイギリス人ウイリアム・アダムス（三浦按針《みうらあんじん》）は、一六一四～一五年に遭難して寄航した那覇で人々の会話を記録し、『琉球島航海日誌』に記載している。その中に〝tabaco foouke〔fucfung, to blow〕messhore〔menshore, polite imperative〕〟（ウイリアム・アダムス一九七六）、つまり「たばこ　ふーけ　めそーれ」と記述されている。この史料から一七世紀初頭までには那覇に喫煙の習俗が伝来していたことがわかる。また相手にタバコを勧める表現であることから、すでにこのころ客への供応としてタバコが使われていたこともうかがえる。

『琉球国由来記』（一七一三年）巻三には、タバコが日本列島から伝来したことをうかがわせる記述がみられる。タバコは「万暦年中」（一五七三〜一六二〇年）に「薩州」からもたらされ、初めて栽培されたと述べられる（横山一九九〇）。『球陽《きゆうよう》』（一七四三年〜）附巻一にも同様の記述がみられる。

『琉球国由来記』『球陽』はどちらも一八世紀に成立したもので、「万暦年中」からはおおむね一世紀以上後になり、同時代史料ではない。ただ一八世紀代の首里王府《おうふ》にはタバコは日本から伝来し栽培されるようになったという公式見解があったようだ。

文献史料にはこのほか、鹿児島産の高級タバコである国分《こくぶ》タバコがよく登場しており、キセルだけでなくタバコも日本列島から輸入されていたことがうかがえる。『琉球王国評定所文書』道光三十（一八五〇）年の記事には、鹿児島から大量のタバコが琉球へもたらされ、差し障りになっているという記録がある。東アジア全体に喫煙が広まった後、日本列島からタバコが琉球諸島へと持ち込まれたことは間違いなく、日本由来譚は両地域の強い結びつきを背景に、一八世紀までに定着したと考えられる。

日本列島の金属製キセル

日本列島との喫煙交流は、考古資料では筒状キセルがおそらく最も古く、『琉球国由来記』に従えば一七世紀以前までさかのぼる。しかし大きな動きになってくるのはより後のことと考えられる。金属製キセルはそのことをよく物語る資料である。

日本列島の遺跡から出土するキセルは、金属製が大半を占める。琉球諸島でも多く出土しており、沖縄本島に留まらず、先島諸島でも出土している。年代のわかる出土資料のうち最古例は、北谷《ちゃたん》町《ちょう》山川原《やまかわばる》古墓群で出土した分離型・金属製キセルで、一八世紀前半に位置づけられる。琉球諸島への喫煙伝来期のキセルではなく、喫煙文化が定着してから登場したキセルだと考えられる。

生産地については不明な点が多い。はっきりした地域ごとの個性は把握されていないため、産地の特定は今後の課題である。琉球諸島産のキセルもあったと推察されるが、形の観察からはなかなか区別できない。ただ「村田」「金龍」「ひらのや」といった銘《めい》を有するキセルが出土しており、九州以北の日本列島、とくに江戸、鹿児島から持ち込まれたと考えられている。その役割は特殊なものだった可能性があるのだが、詳細は後で述べる。

中国の金属製キセル

その他のキセルはどうだろうか。近年、中国大陸部、台湾においても資料の蓄積や検討が進んでおり、日本列島、琉球諸島と同様の金属製キセルが生産・使用されていた可能性が指摘されている。

台湾のゼーランディア城から出土した分離型・金属製キセルの雁首（長佐古二〇一〇）

は、日本列島や琉球諸島で確認される資料と形態の上でよく類似している。琉球諸島から出土する無銘の金属製キセルは、日本列島以外から持ち込まれた可能性も検討されなければならないだろう。北京市昌平沙河《しょうへいさが》墓M18で出土した分離型・金属製キセルは、大まかな形状はよく似ているが、やや大柄である。なお嗅ぎタバコの携行容器である鼻煙壺も出土しており、興味深い（図2－3－9）。

それ以外の中国の喫煙具については研究事例が少なく、まだ比較研究ができる状況にはないが、琉球諸島から出土するパイプ形・蠟石製《ろうせきせい》キセル、一部のパイプ形・施釉陶器製キセルは中国産だとする見解が示されている。また文献史料にみられる象牙製キセルは、中国から輸入された可能性を考えなければならない。ただし大量に出土しているわけではなく、また文献に頻繁に登場するわけでもない。日用品ではなく士族《しぞく》たちの贅沢品だったと推察される。

一方、琉球諸島から中国へ、キセルやタバコが輸出されたこともあったようだ。『琉球進貢船《しんこうせん》壱艘ニ積候荷物之覚』（一六七二年）には、海賊船に襲撃された琉球の船の積荷の記録がある。中国への進貢船だったこの船には、「きせる弐百十弐本　代七十四匁弐分但一本ニ三分五厘」が積まれていたとある（東恩納一九七八）。また鹿児島から輸入した高級タバコを中国に輸出していたことも知られている（北村二〇〇七）。琉球諸島と日本列島、中国との喫煙を巡る交流は、一七世紀以降一九世紀に至るまで、確実に行われていたと考えるべきだろう。

近世琉球の喫煙文化——普及と評価、喫煙が結ぶ縁

キセルの分析を踏まえ、さらに進めて様々な観点から、近世琉球期の喫煙文化全体を考えてみたい。

近世のタバコ税

考古資料とウイリアム・アダムス（三浦按針）の記録から、一七世紀初頭には琉球諸島には喫煙が伝来していたことがうかがえる。では普及したのは何時だったのだろうか。

『旧《きゅう》記《き》雑録《ざつろく》』寛永十二（一六三五）年の記録には、薩摩がそれまで自分の領内の「位之衆」より下の者、すなわち庶民に課してきたタバコ税を、琉球まで広げるという一文がみられる（鹿児島県歴史資料センター黎明館一九八五）。真栄平房昭氏はこうした課税立法の

前提条件として、タバコが広く普及していたことを指摘している（真栄平一九九六）。庶民に課税するということは、庶民の間でタバコが普及していたことを裏付ける史料だとする。この史料は、喫煙が身分の上下を問わず、琉球諸島の人々の間に根付いていたことを示す記録として重要である。

タバコの栽培

キセルは琉球諸島内で自給されたものと輸入されたものがあったが、タバコ自体はどうだったのだろうか。文献史料では、鹿児島の国分《こくぶ》タバコの輸入とともにタバコ栽培の記録もみられるため、キセルと同じく両方行われていたようだ。

一八世紀半ば以降には、首里王府《おうふ》がタバコ栽培を奨励していく記録がみられる。『寒水川《スンガー》村金城《かなぐすく》農書』（一七四五年）には、タバコの植え付け面積や植え付けの時期、肥料について言及している（仲地ほか一九八三）。栽培法のアドバイスであり、王府公認の下でタバコ栽培が促進されたことがうかがえる。タバコの栽培法に関する指導はその後も繰り返し行われ、一九世紀に入るとさらに詳細な栽培法が示されるようになる。

そしてタバコは人々が納める税そのものとしても利用されるようになる。一八五八年の『翁長親方《おながウエーカタ》八重山島《やえやまじま》規模帳《きもちょう》』（石垣市総務部市史編集室一九九三）をはじめ、一九世紀半ば以降にみられ、これも喫煙の普及とともにタバコ栽培の広がりが背景にあると考えられるだろう。

王府による批判と矛盾

多くの人々が喫煙する一方で、評価は様々だったことも文献史料からうかがえる。『琉球国由来記』巻三（一七一三年）は酒や茶と比較しつつ、タバコは「益ナク害多キ事、コレニ過タルモノナシ」と痛烈に批判している。またタバコは「蛮国ノ俗」であり「身ニ害アルモノ」なのだから、士君子《しくんし》が好むべきではないとする（横山一九九〇）。王国の正当な歴史書に記された以上、この当時の王府の正式見解であろう。西洋人の反喫煙論者は非キリスト教徒の野蛮な習俗としてタバコを攻撃したが、ほぼ同じ文脈であるのは面白い。

しかし同じ『琉球国由来記』の異なる章には、王府が茶とタバコを掌る部門「納殿《なでん》」やキセル・刻みタバコを保管する「金御蔵」（横山一九九〇）を設置していたことを記録している。また功績のあった士族に対し、王府から報奨としてタバコが下賜《かし》される例はよく知られており、一八世紀前半にはすでに確認される。喫煙が「益ナク害多キ事、コレニ過タルモノナシ」と認識されているならば、タバコを下賜品として使うだろうか。王府内でも喫煙に対する見解が分かれていたのかもしれない。

容認と喫煙マナー

王府の態度はやがて喫煙の容認へと変化していく。『球陽』の尚穆《しょうぼく》王《おう》二十（一七七二）年の条には「御座《ござ》」にいる時や、「朝覲《ちょうきん》」「礼《れい》式《しき》」の時には喫煙するな、音を立てて灰を捨てるな、といった禁制を定めており（球陽研究会一九七四）、喫煙を徹底して排除するのではなく、マナーを守れとする内容になっている。

時系列に沿ってみてみると、王府の喫煙に対する姿勢は、一八世紀半ばごろを境にして喫煙の批判から容認へと変化し、タバコ栽培も奨励されていく。こうした方針転換の背景には、喫煙人口の増加と定着、層の拡大があったと考えられる。

人々の評価

首里王府の姿勢には変化がみられるが、その下に位置づけられる士族層、庶民層はどうだったのだろうか。宝暦十二（一七六二）年に土佐に漂着した琉球人・潮平《しおひら》親雲上《ぺーチン》の記録である『大島筆記《おおしまひっき》』には、「煙草はのむもあり、のまざるも有」とあり（宮本ほか一九六八）、非喫煙者もいたことをうかがわせる。王府が喫煙を容認しつつあった時期にあたる記録である。

なお『大島筆記』にはタバコがハブ毒の治療に用いられたとも記録されている（宮本ほか一九六八）。ヨーロッパをはじめ喫煙を受け入れた多くの地域では、タバコを薬と捉え

1

2

3

図2-4　琉球諸島の喫煙に関する絵図，写真資料

1．八重山蔵元絵師画稿　2．沖縄風俗之図　3．ワーガンニガイのひとつリューキュータスケブンニガイでの喫煙（池間島）

る考え方があった。非キリスト教徒の野蛮な習俗も、合理的な薬品ということになれば受け入れやすい。ニコチンの名の元になったフランス人ジャン・ニコはタバコを薬草として紹介したという。

一九世紀の史料とされる『八重山蔵元《くらもと》絵師画稿』には夫婦喧嘩の様子が描かれた絵図がみられ、その一枚にキセルとタバコ盆が登場している（図2-4-1　吉田編一九七七）。喫煙具と酒器の傍らで、妻は夫の髭《ひげ》を左手で摑んで引き倒し、右手には夫から奪い取ったキセルが高々と掲げられている。キセルはパイプ型・施釉陶器製キセルを描いており、集落ではあまり出土しないおそらく値の高いキセルである。この絵図は、キセルが象徴する怠惰と放蕩《ほうとう》を甚だ暴力的に妻が夫から奪い去った構図を取っているのである。

ただこれは地域支配のための行政機関である八重山蔵元の絵師によって描かれたものであり、庶民の視点で描かれているとはしがたい。庶民が喫煙をどう評価していたかを記した史料はほとんど確認されていないが、前述した『旧記雑録』寛永十二（一六三五）年の記述にみるように、少なくとも普及していたとは考えられよう。

文献史料を見る限り、近世琉球期には喫煙を嫌う人間もいたようだが、西表島《いりおもてじま》の習俗・伝承にまつわる『慶来慶田城由来記《けらいけだぐすくゆらいき》』（一八七四年）には、人間が食後にタバコを吸うので神仏に嫌われるという記述がみられる（石垣市総務部市史編集室一九九一）。臭いや煙が嫌がられるのだろうか。食後の喫煙が当時の習慣になっていたこともうかがえる。ただ琉球諸島内には祭祀の場で喫煙が行われる例もあり、必ずしも普遍的な観念ではなかったといえよう。

喫煙が結ぶ縁

琉球諸島の喫煙についてみていると、主人と客、男と女、人と神など、異なる者同士を結びつける役割を果たしている例がみられる。縁を取り結ぶものとしての喫煙を、様々な角度からみてみよう。

【供応　主人と客】琉球諸島におけるタバコの役割は多岐にわたるが、最も古く記録されているのがウイリアム・アダムス（三浦按針）の記録にみられる供応の役割である。主人と客が対した時、タバコが出される例は世界各地にみられる。琉球諸島もその一つであり、その後も来客に対しタバコを出す風習は続けられていたようだ。

なお袋中上人の『琉球往来』（一六〇二年）では、タバコの役割として「賓客供応之興」が挙げられ、「談笑具」ともしている（良定一九三六）。琉球諸島にタバコやキセルが存在することを示す記録ではないが、タバコと供応の結びつきは情報として伝えられていたのであろう。

【ウタと結婚　男と女】「琉歌《りゅうか》」「ウタ」と呼ばれる抒情短歌にも喫煙は登場する。事例を検討すると、キセルでタバコを吸うことが、男女関係、とくに男女の性的な関係に喩えられている場合があり、庶民の間では喫煙が男女間の仲を深く結びつける役割を果たしていたと考えられる（吉成・石井二〇〇九）。

こうした役割は士族層にもあったと考えられる。年代は不明ながら『沖縄風俗之図（婚礼之図）』には、花嫁の手引き人の一人がキセルとタバコ入れを持った様子が描かれている（図2―4―2　那覇市制七〇周年記念企画「歴史をひらく・琉球文化秘法展」実行委員会一九九二）。断片的ながら婚礼と喫煙とが関係していたことを示している。供応の機能を持っていたことと合わせ、琉球諸島の喫煙に共通する性質として想定されるのが、他者との間を取り持つ機能である（吉成・石井二〇〇九）。主人と客、男と女という対立的なカテゴリーに属するものを一体化させる役割を担っていた可能性が指摘できよう。

【下賜品　上司と部下】文献史料には、王府から功績のあった者に国分タバコが下賜される記述がよくみられる。国分タバコは良質なブランドとして知られた鹿児島産のタバコである。家譜《かふ》史料によれば、一八世紀初頭までには行われていたことがうかがえる。

人間間の上下関係であれば、高級タバコが上司と部下の関係を取り結んだとみることができよう。一方、首里王府は各地に国分タバコを下賜しており、そこにはまた別の意味が考えられる。それが後述する、人と神を取り結ぶタバコである。

【祭祀具　人と神】　タバコは人と人だけでなく、人以外のものとも縁を結ぶ機能があったようだ。そのことを示すのが、祭祀の道具としてのタバコである。

先に挙げた『聞得大君加那志様御新下日記』（一八四〇年）には、多くの種類のキセルが数多く記録される。また「折部形絹多葉粉入」や「国分多葉粉」もみられる（法政大学沖縄文化研究所一九八四）。大きな祭祀では、多くの喫煙具を使って高級な外国産タバコを消費したのであろう。

民俗事例にも祭祀にタバコ、キセルが登場する例はみられる。宮古諸島のうち、池間島《いけまじま》とその移民によって形成された集落では、「ユークイ」と呼ばれる祭祀が行われ、その最初に「フーダダマ」と称して喫煙が行われる。最高神職のフズカサンマは、キセルを頭上に捧げ、三回ほど吸うと頭を垂れて感謝するという（加藤二〇一九）。また本書後半で扱う豚が関わる儀礼である「ワーガンニガイ」にも喫煙がみられる（図2－4－3）。各地に国分タバコが下賜されることと合わせて考えると、かつてはこうした儀礼が広く行われていたのではないか、神と一体化するための方法として、女性たちが喫煙していたのではないか、という仮説が立てられるのである（吉成・石井二〇〇九）。

祭祀の場で喫煙が行われる例は、タバコの原産地であるアメリカ大陸にみられ、また北海道のアイヌ民族にもあるという。この三地域は互いに関連があるとは思えない。火、煙、におい、覚醒作用といったタバコの特徴や作用が、各地に同じような祭祀を作り出したのではないだろうか。

【副葬品　生者と死者、死者と死者】琉球諸島の墓でも、キセルはしばしば出土している。先に分類した種類のほぼすべてが出土しているが、中でも分離型・金属製キセルが全体の半分近くを占めている。他の遺跡では最も一般的な無釉陶器製キセルは、墓では二割程度である。

また墓の内部から出土するキセルには、傷や火皿の煤《すす》けといった、使われた痕跡がみられないことも多い。これらは死者が生前に長年愛用していた中古のキセルではなく、新品かそれに近いキセルと考えるよりない。中には銘が入った日本製の金属製キセルもみられ、高価なものだったろう。琉球諸島の人々は、高級な輸入キセルを使わないで副葬していたのである。言うなれば、葬式用具としてキセルが日本から輸入されていたのである。出土事例から、一八世紀前半にはこうした風習が行われていたこともわかっている。また与那《よな》国島《くにじま》では近代の墓でみられることから、こうした風習が二〇〇年以上存続した可能性がある。

この風習はどのように理解されるだろうか。久米島《くめじま》の上江洲《うえず》と西銘《にしめ》では、死者のためだけでなく、グソーンチュ（後生《ごしょう》で暮らす祖先）へ贈る土産を死者へ持たせる風習があるという（前田二〇〇一）。タバコやキセルもそのために副葬するという。墓のキセルは被葬者の手を通じ、祖先に渡される贈物だった。だからこそ上等な新品でなければならなかったと考えることはできるだろう。

さらに進めて考えるなら、このキセルは祖先たちが後生で喫煙することを意味する。祖先たち同士でも吸うかもしれないが、キセルを持ってきた新参の死者ともまた一服するとは考えられないか。琉球諸島の喫煙が、人間同士、時には神と人すら結びつけることと合わせて考えると、これは死者同士の交歓の道具だった可能性が浮かんでくる。そしてキセルを墓に入れた生者もまた、祖先たちとキセルによって、間接的ながら結びつくことになるのである。

こうした風習は、琉球諸島だけではないかもしれない。日本列島の近世墓でも、使用痕跡がみられないキセルは確認される。中国北京市の発掘事例では、清代末に限ってキセルが副葬されるという。また昌平沙河墓では嗅ぎタバコを入れた鼻煙壺が出土している（北京市文物研究所二〇一二）。嗅ぎタバコは中国の上流階級の人々が供応の場で愛用していたことが知られている。琉球諸島と同じように、死者同士の喫煙が行われていたかもしれない。

刀豆キセル

一体型・金属製キセルに分類される「刀豆《なたまめ》キセル」という珍品がある。小型で、火皿は小さく、胴部は扁平な長方形である。日本列島では江戸時代中期から後期に登場した、携行用のキセルである。

琉球諸島でも知られており、首里ではナットゥージシリ（納豆煙管《なっとうキセル》）、沖縄島北部の国《くに》頭《がみ》地方ではナントウ・ギシリと呼ばれていたが、ここで言う「納豆」はカマボコにそっくりな形の菓子の一種らしく、カマボコ形に「ペシャンコになったキセル」の意味とされる（沢田一九六九）。遺跡からは、首里城跡、那覇市ナーチュー毛古《もうこ》墓《ぼ》群、宜野湾市嘉数《かかず》トゥンヤマ遺跡の三遺跡で出土している（図2－2－2）。おそらくは日本列島からの外来品であろう。

このうち、ナーチュー毛古墓群の出土例には使用痕跡が確認できない。江戸時代中期には旅の土産にしたというから、新品の外来品を先祖へのお土産として入れたのかもしれない。あるいは、出先に携行するための喫煙具だということを重視するなら、後生への旅に赴く死者が懐中に入れ、死の道中にタバコで一服するのかもしれない。どちらとも言い切れないが、特別なキセルにはやはり特別な観念が込められていたと考えるべきだろう。

園芸

園芸の考古学

植物を楽しみ、植物に狂う

「園芸」とは本来、野菜や果物の栽培も含んだ言葉だが、本書ではとくに花と庭木に関する園芸、すなわち「花卉《かき》園芸」について取り上げてみたい。植物を食べ物や資源として扱うのではなく、花を見て美しいと感動し、珍しい形の葉に関心を持つ、それはおそらく人間だけの行いだろう。

しかも人間は、そのために手間と資金を惜しまないこともままあった。江戸時代のカラタチバナや近世オランダのチューリップは高騰し、社会問題にまで発展したといわれている。不健康であるにもかかわらず続けられた喫煙文化とともに、ただ面白いというだけで熱心に行われ続けてきた花卉園芸は、人間とは何かを知るための大きな手掛かりになるかもしれない。

ここでは、琉球諸島の花卉園芸文化について述べていく。植物を愛でる心はどこの誰にもあるだろうが、そこに一定の決まりや流儀が伴うこともよくあり、そうしたひとまとまりの「文化」が他の地域に広がることもある。史資料に見られる琉球諸島の園芸も、元々はこうした外来文化だったと考えられるが、さらにこの地で独自のものになっていった。外からやってきたものがどう変わったのか、文化の伝播と変容を考える上でも、琉球園芸文化の研究は大きな意味を持っているのである。

園芸の考古学

喫煙と園芸は、記録や痕跡が大変残りづらいという点でも共通している。前者は燻《くゆ》らされて煙となり、後者は朽ちて土になってしまうのだ。園芸文化を追究するには、わずかに残された史資料を駆使して、様々な学問分野から迫っていくほかない。そこで園芸の歴史を追究するために活用されてきたのが、絵図資料、文献史料である。江戸時代には多くの園芸植物が浮世絵に登場し、中には洋書の影響を受けて現代の植物図鑑に通じる描かれ方がなされたものもある。

考古学の領域ではどうだろうか。発掘調査で植物そのものが出土する例はほとんどないが、出土種子や花粉分析でかつてそこに生えていた植物を特定することは可能である。また植え替えのために根の張る形に掘られた穴「植栽痕《しょくさいこん》」や、植物を育てるための施設、たとえば種子や苗を保管するための地下室、植物を発芽させ育てるための容器である植木《うえき》鉢《ばち》は、遺跡から検出されている。絵図は具体的だが模造であり、考古資料は植物そのものではないが当時の人々が作り出し用いた道具と行動の痕跡そのものである。文献史料は時に絵図や考古資料より具体的だが、より抽象的な情報でもある。これらをどう組み合わせるかは、研究者の腕の見せ所である。

園芸道具の中でも、植木鉢は日本各地の遺跡、とくに近世の遺跡からよく出土し、貴重な研究対象になっている。近世という時代の代表的器種のひとつともいえるだろう。素材も様々であり、植物とともに鑑賞対象となるよう、装飾された植木鉢もみられる。江戸遺跡では陶器、磁器、土器の植木鉢のほか、他の器の底に穴を空けて転用したものまで出土している。そして園芸文化が広がる中で、各地に特色ある植木鉢が多数生み出されてきた。近世琉球諸島には広口で鉢形の陶器や土器の植木鉢が作られ使われていた。装飾性に富み、窯《よう》製作技法は特徴的である等、分析の手掛かりを多く備えている。園芸文化だけでなく、窯業《ぎょう》史の展開まで検討対象とできる、重要な資料なのである。

園芸文化と東西世界

花卉園芸が、世界のどこで、いつ、どのように開始されたのかは定かでない。しかし東西それぞれの地で、その地域の植物を対象として開始されたと考えられている。

中尾佐助氏は、世界の園芸の歴史をまとめる中で大きく二つの中心地の存在があるとする。まず西アジア、地中海地域と中国に第一次センターが形成され、それぞれから派生する形で、一七世紀以降に西ヨーロッパと近世の日本に第二次センターが形成されたとしている（中尾一九八六）。ただこれら東西のセンターは完全に独立していたわけではなく、しばしば交流が行われている。プラントハンターと呼ばれる博物学者、探検家たちは、大航海時代以来、多くの探検に随行し、世界の植物をヨーロッパに運んだ。東アジアはプラントハンターたちが注目した地域の一つである。

日本近世園芸史と植木鉢

東の第二次センターと位置づけられる近世日本の園芸を大きく発展させたのは、植木鉢だったとされている。植木鉢自体は少なくとも中世期には登場しているが、江戸時代後期の大量生産品は別格であった。堀内秀樹氏は『図説　江戸考古学研究事典』の中で、「江戸における園芸の流行は、一七世紀の武家を中心とした屋敷建築における造園、植樹などから、一八世紀後半には、場所を取らない鉢植えの植物栽培に移行した。これらは、下級武士や町人などの間に浸透した。一七世紀以前の中国製品を別として国内での植木鉢生産は、一八世紀第4四半期から本格化したといってよいだろう。」（堀内二〇〇一）とし、また橋口定志氏は「（江戸の園芸文化の）本格的な展開は鉢植え植物の流行からと考えるべきである。鉢植え植物の流行によって、ようやく園芸文化が江戸町人の手にも届くことになったからである。」（橋口二〇〇一（　）内筆者註）とする。それまで庭を持たず園芸文化に手を出せなかった人々に、植木鉢は門戸を開いた。その役割は大きかったと考えられるのである。

近世琉球の植木鉢

では琉球諸島の園芸はどうだったのだろうか。まずは植木鉢について、考古資料、次いで文献史料をはじめ他の史資料と合わせて検討してみよう。

琉球諸島でこれまでに確認された植木鉢は、貿易陶磁器と地元産品に二分される。さらに後者は、瓦質《がしつ》土器、沖縄産無釉陶器《むゆうとうき》（荒焼《アラヤチ》）、赤焼《アカヌムー》、パナリ焼に大別される。このうち大勢を占めるのが瓦質土器製と沖縄産無釉陶器製（荒焼）で、ほかは数点を数えるのみである。

貿易陶磁器

日本列島と同じく、琉球諸島の植木鉢も貿易陶磁器から始まったと考えられる（図3－1）。

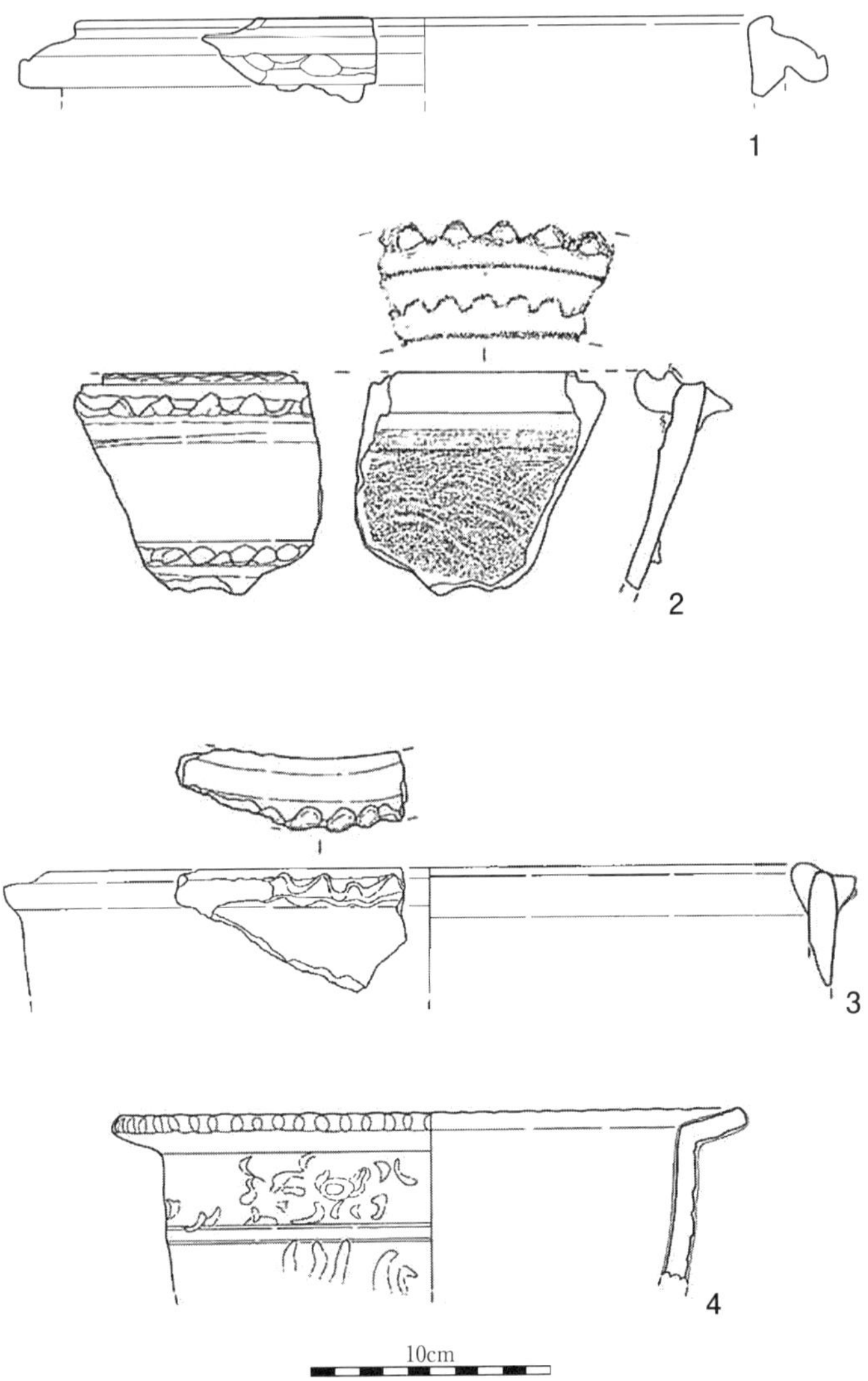

図3-1　貿易陶磁器の植木鉢

1．褐釉陶器（今帰仁城跡）　2，3．褐涌陶器（天界寺跡）
4．青磁（天界寺跡）

今帰仁城《なきじんぐすく》跡周辺遺跡からは褐釉陶器《かつゆうとうき》の出土が報告されている（図3―1―1）。口縁部《こうえんぶ》のみの破片だが、波のような特徴的な形をしており、発掘調査では中国の植木鉢に類例があるとされ、一四世紀から一六世紀のものと報告されている。植木鉢だとしたら、現時点で琉球諸島最古の一例である。

こうした波状の紋様を持った貿易陶磁器は他にも確認されている（図3―1―2〜4）。後に琉球諸島で生産される瓦質土器製や無釉陶器製植木鉢と共通し、注目される。

瓦質土器製植木鉢

瓦質土器は、瓦と同様の胎土《たいど》を用い、同様の焼成が行われている土器の一群である。今のところ沖縄島内の遺跡からのみ出土し、植木鉢、擂鉢《すりばち》、火炉《かろ》、水鉢、こね鉢、型物など様々な種類がある。生産地は、那覇市泉崎《いずみざき》にかつて存在した湧田窯《わくたよう》と考えられている。琉球王国によって運営された官窯と考えられ、発掘された地区は遺跡全体のごく一部だが、瓦とともに瓦質土器が出土している。

瓦質土器製の植木鉢（図3―2―1〜3、6）は、底部から緩やかな曲線を描きつつ立ち上がり、胴部上半で最大径となり、口縁に向けて少しすぼまる形のものが多い。底部には水抜き穴が設けられ、高台《こうだい》は作らない。割れ口や表面の観察から、おそらく粘土紐《ねんどひも》を積み上げる輪積《わづ》み成形がなされていると考えられる。サイズは少なくとも三種あったらしく、

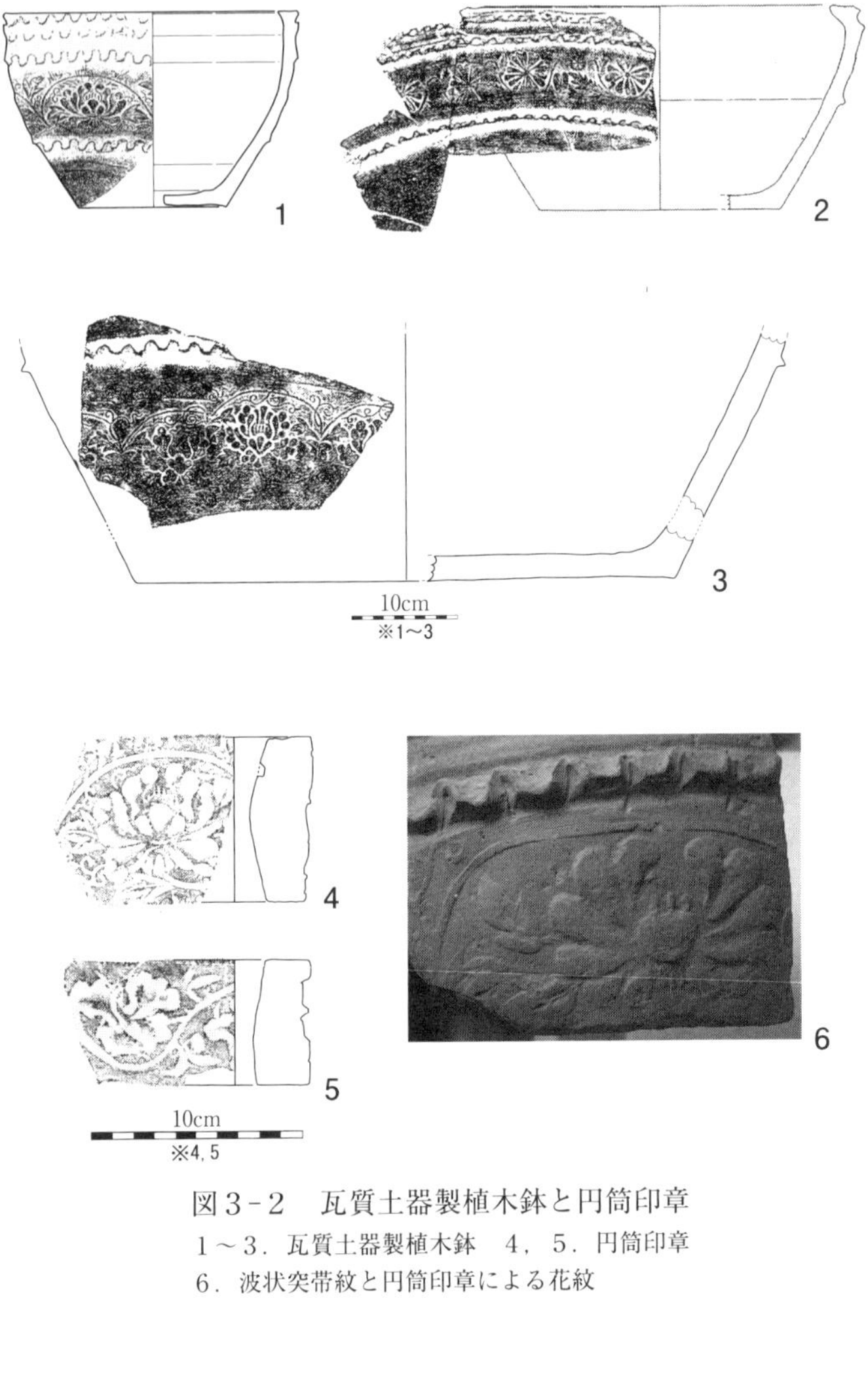

図3-2　瓦質土器製植木鉢と円筒印章
1〜3．瓦質土器製植木鉢　4，5．円筒印章
6．波状突帯紋と円筒印章による花紋

中でも口縁の直径が三〇〜四〇チセン、底部の直径が一五〜二五チセンのものはよく確認される。ただこれより大きなサイズのものもあり、最大で底部の直径が五〇チセンを超えるものが確認されている（図3－2－3）。

外面には粘土紐を巻きつけ、波状に仕上げて装飾とした「波状突帯紋《とつたいもん》」がみられる。数はまちまちだが、口縁部や胴部に何条も設けている。作り方を観察してみると、ひとつひとつの襞《ひだ》の中に職人の爪の痕が残されている（図3－2－6）。器の上から右手を沿え、人差し指を下から上へ、親指を上から下へこするように動かして付けたものであろう。

波状突帯紋の間には牡丹《ぼたん》紋様をはじめとする草花紋がスタンプされている。湧田窯の瓦の紋様と同種のものがみられ、瓦とともに生産されたことがうかがえる。そしてこのスタンプが面白い。筒状で、外側にぐるりと草花紋を刻んだ「円筒印章《いんしょう》」が使われている（図3－2－4、5）。縦に穴が開けられており、おそらく棒を差し込んで軸とし、まだ焼く前の植木鉢の表面に転がして紋様を施すのであろう。中には一巡りして上手く最初に刻印した部分に接続できていないものがあり（図3－2－3）、円筒印章による施紋の欠点といえるかもしれない。なお湧田古窯跡で出土した植木鉢には二三種類の胴部紋様が確認される。他の遺跡を含め、現在までに確認された胴部紋様が二六種類であることを考えると、湧田窯には円筒印章がほぼ揃っており、瓦質土器製植木鉢の独占的生産地だったと考えられる。

湧田窯を含め、瓦質土器製植木鉢は今のところ沖縄島の遺跡でしか出土していない。しかも集落での出土例は無く、グスク（首里城跡、今帰仁城跡、浦添《うらそえ》城跡）、王府《おうふ》関連施設（御細工所《ごさいくしょ》跡）、屋敷、寺院等に限られている。一部の支配者層のみが使用していた奢侈品《しゃしひん》だったのだろう。このうち首里城跡では複数の地区から出土しており、城内の各所に鉢植えが配置されていたと考えられる。種類もほぼすべての紋様・器形が確認され、瓦質土器だけでなく、後述する無釉陶器、さらに陶質土器の植木鉢も報告されている。

現時点での最古例は、首里城跡銭蔵《ぜにくら》東地区で出土した一六世紀前半以前に位置づけられる資料であろう。また一六〇九年の薩摩《さつま》侵攻によって破壊された今帰仁城跡からも出土していることから、瓦質土器製植木鉢は一六世紀前半から一〇〇年余りの間、湧田窯にて生産され供給された特権階級向けの高級品であると考えられる。

沖縄産無釉陶器（荒焼）製植木鉢

瓦質土器製植木鉢についで登場するのが、専門用語では「沖縄産無釉陶器」、伝統的には「荒焼」と呼ばれる陶器製の植木鉢である（図3―3）。瓦質土器製植木鉢とは紋様の配置や外観が似ている一方で、

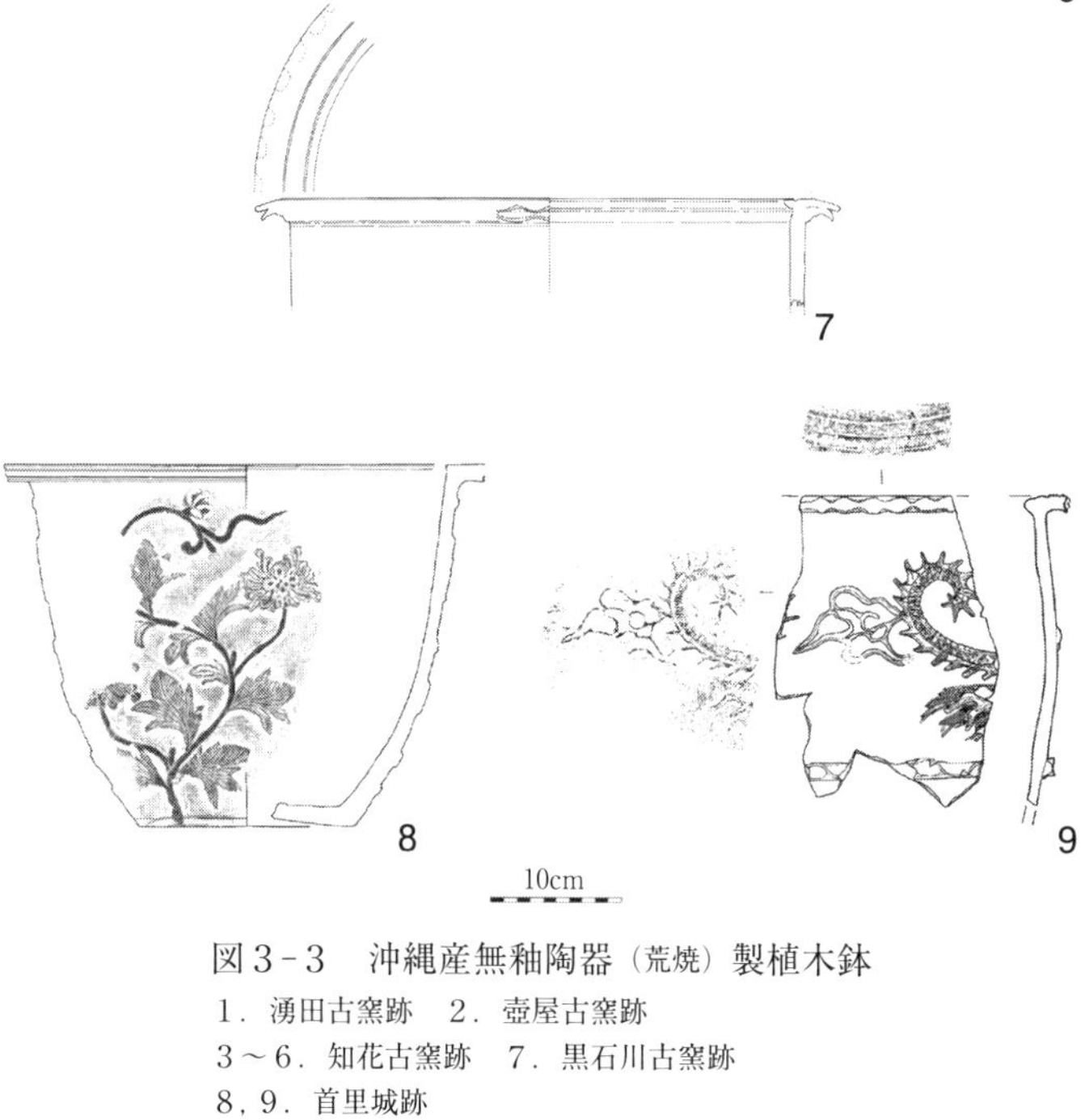

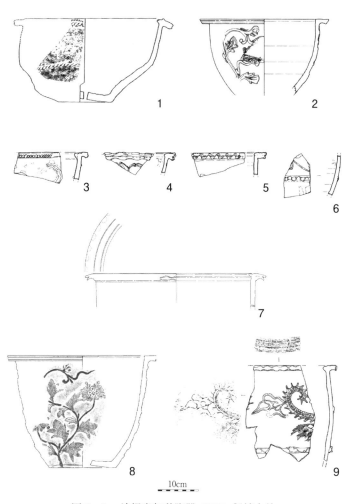

図３-３　沖縄産無釉陶器（荒焼）製植木鉢
1．湧田古窯跡　2．壺屋古窯跡
3～6．知花古窯跡　7．黒石川古窯跡
8，9．首里城跡

様々な点で差異もある。湧田窯でも出土する（図3－3－1）ので生産していたようだが、瓦質土器の分布範囲からは離れている。

また那覇市の壺屋古窯《つぼやこよう》跡（図3－3－2）、沖縄市の知花《ちばな》古窯跡（図3－3－3～6）、石垣島の黒石川《ふーしなー》古窯跡（図3－3－7）でも出土している。産地によって胎土や焼成に差があり、中でも知花古窯跡の資料は褐色で石英《せきえい》が混入する特徴がある。

器形は鉢形で、サイズは口径三〇チセン前後のものが大半を占める。瓦質土器製植木鉢と同様だが、細部に様々な相違点がみられる。口縁は外に屈曲し、最大径は口縁のやや下にあるものが多いが、瓦質土器製植木鉢ほど口がすぼまらない。中には底部から直線的に口縁へと広がるものも確認されている。読谷村《よみたんそん》の喜名窯《きなよう》で焼かれた喜名焼《きなやき》や那覇市の壺屋焼の伝世品《でんせいひん》の中には、底部が上げ底になっており、側面から伸びるように足が作出される例、底部に獣脚が付く例が確認されている。

口縁部、胴部には波状紋を巡らすが、瓦質土器製植木鉢と同じ技法を用いる例は少なく、細い棒状工具や指先を連続して押し付けたものが多い。また波状突帯紋が施されないもの、口縁と胴部で異なる波状突帯紋を施したものも確認される。胴部には草花紋を施すが、スタンプではなく、貼付紋やヘラ描き紋が施される。

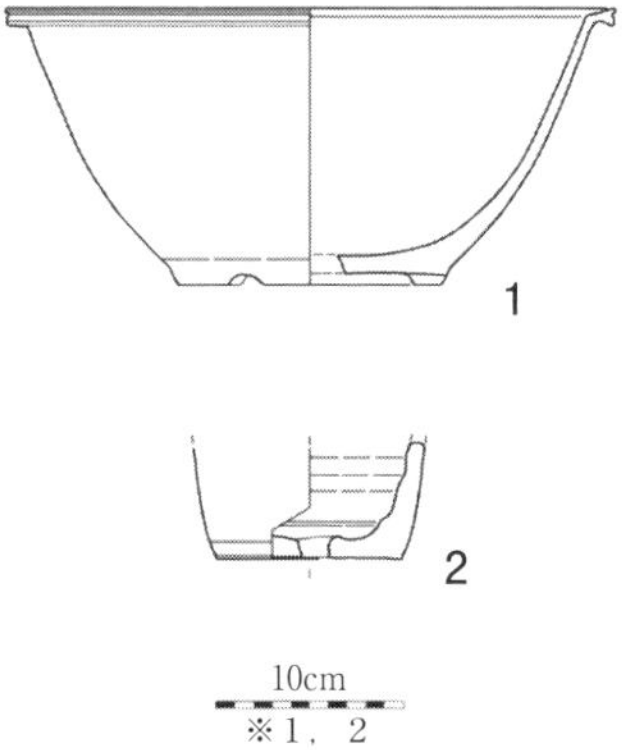

図3－4　その他の植木鉢
1，2．陶質土器製植木鉢（首里城跡）
3．パナリ焼製植木鉢（喜宝院所蔵）

消費遺跡からの出土例は現在までのところ首里近辺に集中している。これはすべての植木鉢に共通しており、首里での園芸文化の繁栄がうかがえる。首里城跡では複数の発掘地区から報告されており、種類もほぼすべての紋様・器形が確認される（図3－3－8、9）。中にはかなりの大型品も確認されている（図3－3－9）。また首里城にともなう道路である真珠道跡《まだまみちあと》からは、完形に近い植木鉢が複数種類確認されている（沖縄県立埋蔵文化財センター二〇〇六c）。道路の装飾の可能性もあるといえよう。

　残念ながら年代が確定できる出土資料に恵まれないが、沖縄産無釉陶器（荒焼）の生産が一七世紀前半以降と考えられること、技術のルーツと想定される薩摩焼苗代川《なえしろがわ》系の植木鉢が一七世紀前半以降に位置づけられることから、年代が類推されるに留まっている。

その他の植木鉢

「アカムヌー」「赤焼」と呼ばれる陶質土器製の植木鉢も確認されている（図3－4－1、2）。無紋で碗の器形を呈した小ぶりなものばかりである。出土点数が少なく、まとまった規格を基に大量生産されたものではないと推察される。また八重《やえ》山諸島《やましょとう》では「パナリ焼」と呼ばれる土器が近世琉球期に生産されており、おそらくは沖縄産無釉陶器（荒焼）の形を模したパナリ焼製植木鉢の伝世品が確認されている。（図3－4－3）。いずれも一点物ばかりで、年代ははっきりしない。

植木鉢の消費と生産

文献史料にもわずかながら植木鉢に関する記述がみられる。『百浦添《ももうらそえ》之《の》欄《らん》干《かん》之《の》銘《めい》』（一五〇九年）には、武勲と並ぶ王の業績として園芸が取り上げられ、鉢植えにされた珍しい花について言及している（塚田一九七〇）。花卉園芸は王の権威とつながる特別なものとされていたことがうかがえる。なおこの鉢植えは具体的な描写はないものの、年代からすると輸入された貿易陶磁器の植木鉢が該当すると考えられよう。

やがて沖縄島内で植木鉢の生産が始まる。乾隆三十八（一七七三）年の『瓦《かわら》奉《ぶ》行《ぎょう》例《れい》帳《ちょう》』には、「大壺壱かま仕立請上納例」として窯業製品が列挙され、

一唐草花鉢弐枚口差渡壱尺三寸

拵土壱斗
斤ニして六拾三斤三合三勺三才
　上細工壱人四分壱り六も六シ六才
　内壱枚上納
一木振花鉢三枚口差渡壱尺三寸
拵土壱斗五升
斤ニして九拾五斤
　上細工五分五毛
　内弐枚上納

とある（沖縄県立図書館史料編集室一九九一）。「花鉢」つまり植木鉢に「唐草花鉢」と「木振花鉢」の二種類あるが、「口差渡」すなわち口縁の径はどちらも同じく壱尺三寸（約四〇チセン）とある。出土例をみると口縁の径が三〇〜四〇チセンの植木鉢は瓦質土器製あるいは無釉陶器製植木鉢いずれにも認められる。また規格や使用する粘土の量まで細かく定められていたことがわかる。一「枚」あたりに使用される粘土の量はいずれも五升となり、口縁径も一致することから、この二種は質量も同じであると推察される。この二種類の植木鉢は、名称から胴部の紋様の違いではないかと推察されるものの、出土資料にみる多様な植木鉢のうちそれぞれ何を指すのかは判然としない。同規格の植木鉢でも分類されていたことがうかがえるのみである。なお「唐草花鉢」は二つ生産して一つを上納、「木振花鉢」は三つ生産して二つ上納とあり、後者の方が生産量は多くかつより多く王府が求めたことがうかがえる。

植木鉢と花生

なお植木鉢と同じく園芸に関わる花瓶・花生《はないけ》の生産は、植木鉢より古く一七世紀後半に最古の記録がある。名工として知られる平田典通《ひらたてんつう》は、沖縄産施釉陶器である上焼《ジョーヤチ》の製作に功績があったとされる。康煕六（一六六七）年には「上焼之薬」すなわち釉薬の調査と施釉陶器の製作を行っており、翌年（一六六八年）には「砧形《きぬがた》御花入」「仙人之御花入」「細口御花入」と「四角御菜皿」を製作した記録がある（比嘉一九三六）。この三種類の「花入」がどういったものであるかは判然としないが、平田典通が施釉陶器の研究を行っていたことから、その腕を振るったものであろう。

また先島地域の資料『八重山島壺瓦方例帳』（一七六三年）には「小花生」「中花生」「大花生」「大花鉢（花鉢壱ツ大方）」「花鉢壱小方」が登場する（沖縄県立図書館史料編集室一九九一）。花生は三種、植木鉢は二種のサイズ違いが記載されている。石垣島では黒石川窯跡で植木鉢と推察される破片資料が出土しており、規格は沖縄本島の一般的な植木鉢と大差ないが、これが大小いずれなのかは判然としない。なおこの史料には「雍正八戌年（一七三〇）」当時の代金も記載されている。対価として米を当て、「大花生壱　代米八号三勺三才（筆者註　約一・五リットル）」「中花生壱　代米六号六勺六才（約一・二リットル）」「小花生壱　代米四号壱勺七才（約〇・八リットル）」、「花鉢壱ツ大方　代米四升壱号六勺七才（約七・五リットル）」「花鉢壱小方　代米弐升七号（約四・九リットル）」とされている。花生に比べ植木鉢の方が高価だったことがうかがえる。

周辺地域の植木鉢

発掘調査の成果から、瓦質土器製植木鉢はすでに一六世紀には生産されていたと考えられる。中国や日本からの技術導入はあったのだろうか。瓦質土器製植木鉢のルーツとなる類例は、今のところ九州以北の日本の遺跡からは発見されていない。瓦質土器製植木鉢の展開を探るには、今後中国の調査例に注目しなければならないだろう。

中国の植木鉢

中国の植木鉢で有名なものとしては、新安《しんあん》海底遺跡（一四世紀前半）から小型で胴部が膨れ、口縁部に波状紋を施す青磁《せいじ》の植木鉢が出土している。類例は浙江省《せっこうしょう》や江蘇《こうそ》省、北京《ペキン》市で出土し、宋《そう》～明《みん》代までと年代も幅広い（図3－5－1）。また現在中国では素焼《すやき》、鉢

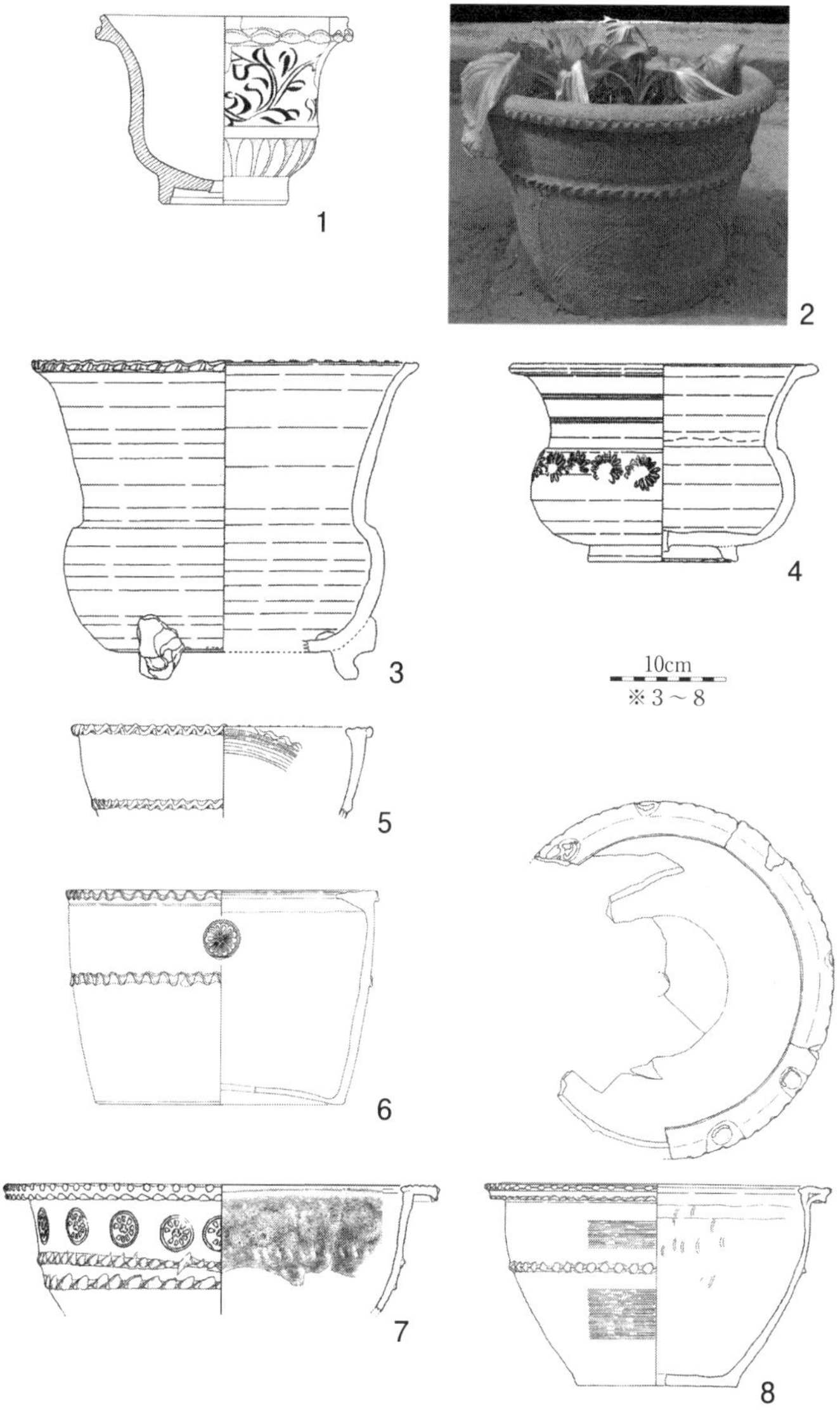

図3-5　周辺地域の植木鉢
1，2．中国　3～6．中世日本
7，8．近世日本（鹿児島）

形で波状紋を巡らす植木鉢が多く確認される（図3―5―2）。

中国の影響は日本の植木鉢に及んでいる。一三世紀末から一五世紀前葉ごろまでの瀬戸《せと》窯《よう》の植木鉢（図3―5―3、4　小澤二〇〇九）は模倣品であろう。また大阪府日置荘《ひきしょう》遺跡や福井県一乗谷《いちじょうだに》朝倉氏《あさくらし》遺跡、青森県浪岡城《なみおかじょう》跡《あと》から出土する古代末の瓦質の鉢（図3―5―5、6）は、中国の植木鉢や琉球諸島の瓦質土器製植木鉢と相違点も共通点もみられる。

薩摩焼の植木鉢

一方、沖縄産無釉陶器（荒焼）製植木鉢は、隣接地域の薩摩焼（図3―5―7、8）との関係が注目されている。薩摩焼の最古級の生産施設である堂平窯《どびらがま》は、朝鮮半島から連行された陶工たちが一六二〇年代に開窯し、一七世紀後半に閉窯したと考えられており（鹿児島県立埋蔵文化財センター二〇〇六）、陶製の植木鉢は一七世紀中ごろから増加するという。アズキ色で、胴部上半に向け緩やかに立ち上がる器形を呈し、口径が三〇センチを越えるものと二〇センチ未満のものに分けられる。口縁部、胴部には、細い棒状工具や指先を連続して押し付けた波状紋を巡らす。胴部にはヘラ描きやスタンプで紋様が施される。口縁部は外側に折り曲げて鍔縁《つばぶち》とし、さらに折り返して厚手にするものが多い。また少数だが外面に叩き目、内面に同心円の当て具痕が認められる資料（図3―5―7）や、窯詰《かまづめ》の痕跡である貝目《かいめ》、合わせ口が確認される資料もある（図3―5―8）。窯で焼く時に製品の間に貝を挟み、融着を防いだ痕跡である。

沖縄産無釉陶器（荒焼）の植木鉢を比べてみると、焼成、規格、器形、紋様はおおむね一致する。ここまで複雑な口縁部を持つものの類例はないが、鍔縁はみられる。一方、叩き目や当て具痕、貝目、合わせ口は不明瞭である。波状紋は多様な中の一部が共通するのみである。薩摩焼の技術やデザインを受け入れつつ、独自の要素を加えながら生産されていったといえるだろう。

近世琉球植木鉢の成立と展開

単純に模式化するならば、「波状紋を施した鉢」という特徴を持つ中国産植木鉢は東アジアの植木鉢のいわば親であり、日本列島の中世期の植木鉢、琉球諸島の瓦質土器製植木鉢、そしておそらくは薩摩焼のルーツとなった朝鮮半島の植木鉢は子供にあたり、薩摩焼製植木鉢はその孫、さらにそこから派生した沖縄産無釉陶器（荒焼）製の植木鉢は曾孫にあたると考えられるのではないだろうか（図3―6）。この系譜関係は、東アジアの園芸文化全体を考える上でモデルになるだろう。

琉球諸島内の動きをもう少し詳しくみると、瓦質土器製植木鉢は一六世紀から生産され、

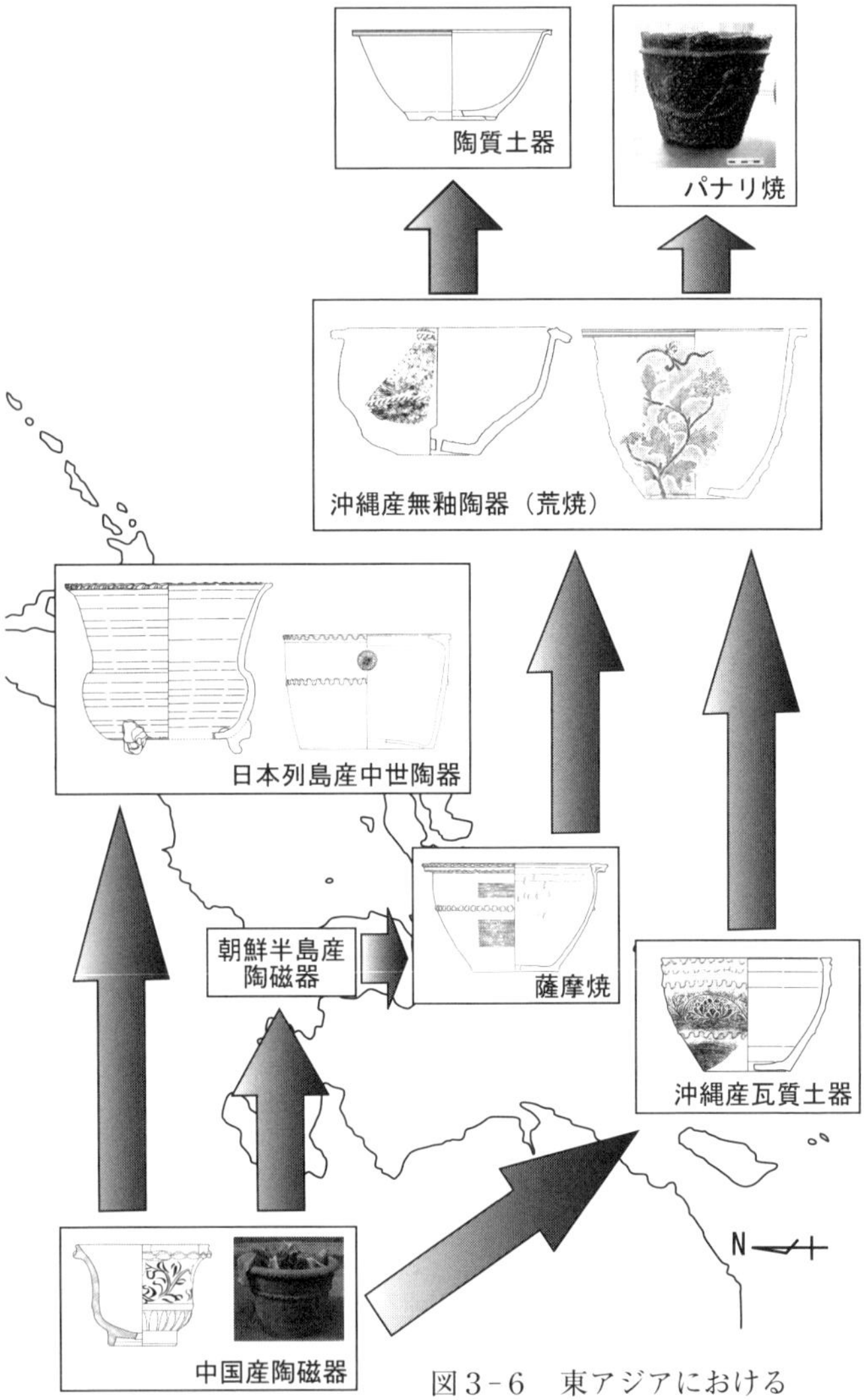

図3-6　東アジアにおける植木鉢の系譜

一七世紀に入ってから沖縄産無釉陶器（荒焼）製植木鉢が登場している。両者は遠い親戚関係にあるが、同じ湧田窯の別々の地点で生産されており、無関係ではなかっただろう。

そしておそらくは一七世紀中に瓦質土器製植木鉢は生産されなくなり、沖縄産無釉陶器（荒焼）製植木鉢が主流になるとともに、複数の窯で生産されるようになる。波状突帯紋や胴部紋様の施紋技法を比較すると、窯ごとに独立した技法があるわけでもなさそうなので、窯を超えた技術交流が行われていたと推察される。なお知花焼古窯跡（沖縄市）で出土した植木鉢をみると、他の窯の沖縄産無釉陶器（荒焼）製と同じ波状突帯紋が確認されるとともに、瓦質土器製植木鉢と同じ波状突帯紋も確認される。瓦質土器製植木鉢はその後生産されなくなったが、その技術は消滅したわけではなく一部で継承されていったと考えられよう。

近世琉球の園芸文化

植木鉢にとくに力を入れてみてきたが、園芸史に関する情報はこれに留まらない。多様な資料を通じて近世琉球の園芸文化の社会的位置付け、とくにその役割についてみてみよう。まずは、士族の園芸文化から取り上げる。

装　飾

現在確認される琉球諸島最古の園芸の記録は、石碑『安国山樹花木之記《あんこくざんじゅかもくのき》』（一四二七年）にみられる。首里城の庭を整備し花や木を植えたことが記録されており、薬草の栽培についても記述がある（塚田一九七〇）。一六世紀前半には、琉球諸島の鉢植えに関する最古の記録である『百浦添之欄干之銘』（一五〇九年）があり、前述したとおり、武勲と並び王の業績として挙げられている。

首里城以外にも、士族の邸宅では花卉園芸が行われていたようだ。外国人の記録ばかりになるが、中国から琉球へと派遣された冊封使《さくほうし》の記録には、邸宅内の装飾として庭木や鉢植えが用いられていた記載がみられる。康熙二（一六六三）年に中国から来琉した張学《ちょうがく》礼《れい》の『中山紀略《ちゅうざんきりゃく》』には、「官宦之家《かんがん》」に花や竹が植えられていたことが記されている（台湾銀行経済研究室一九七一a）。『中山紀略』には鉢植えに関する記述はないが、半世紀後の康熙五十八（一七一九）年に中国から来琉した冊封副士の徐葆光《じょほこう》が記した『中山伝《ちゅうざんでん》信録《しんろく》』には那覇の崇元寺の絵図の中にソテツや柑橘類と思われる様々な植物が植えられた様子（図3－7－1）や、台の上に載せられた植木鉢（図3－7－2）が描かれている他、魚を放った池の中に小石を立て、ソテツを植えていたことも記されている（沖縄県立図書館一九七六）。嘉慶五（一八〇〇）年に来琉した李鼎元《りていげん》は、樹木を刈り込み築山《つきやま》を作った家があることを記述している（原田訳注二〇〇七）。

一八五三年、アメリカから来琉したペリー一行に随行していた青年画家ウィリアム・ハイネは、植木鉢が飾られた士族の邸宅を描いている。台に載せられていると思しき鉢植えや、直接庭に植えられた植物もみられる（ラブ・オーシュリ一九八七）。同じくペリー関係の資料である『亜船来着并天久寺止宿之亜人唐人等日記』（一八五三年）には、アメリカ

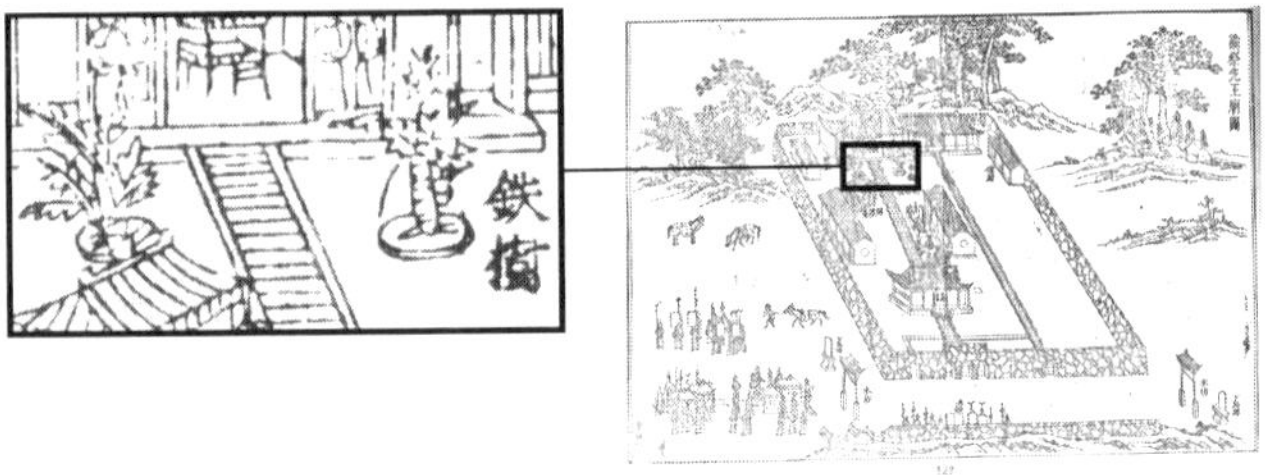

1

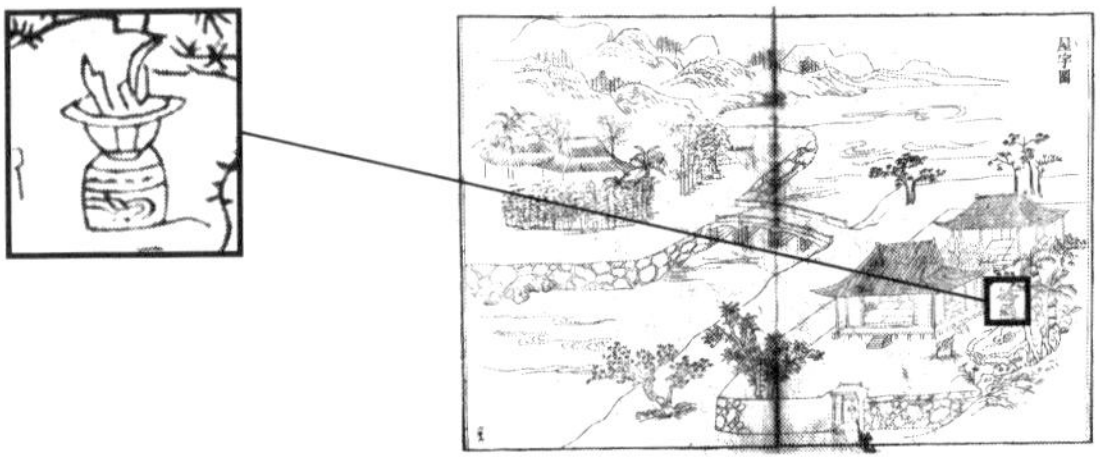

2

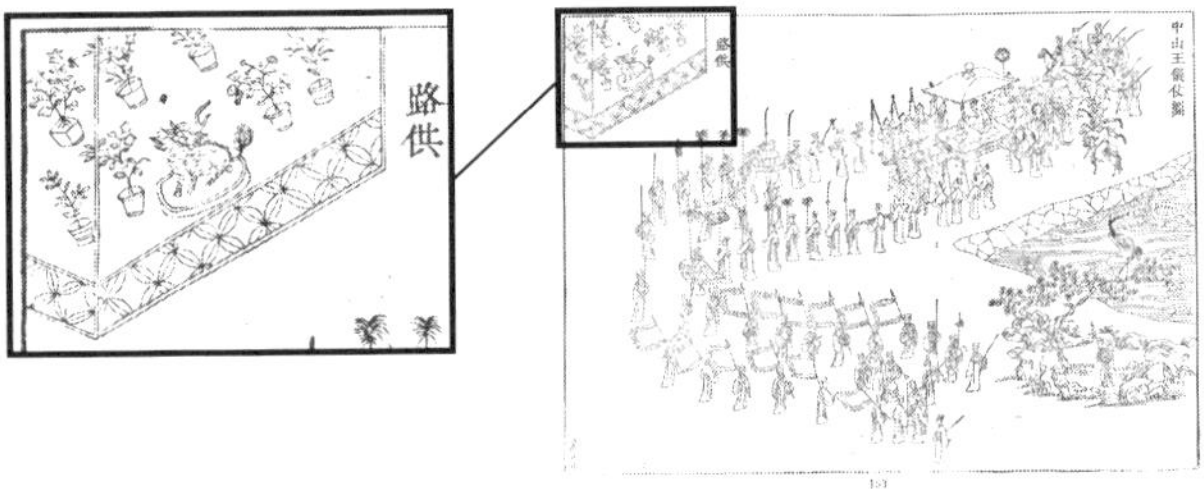

3

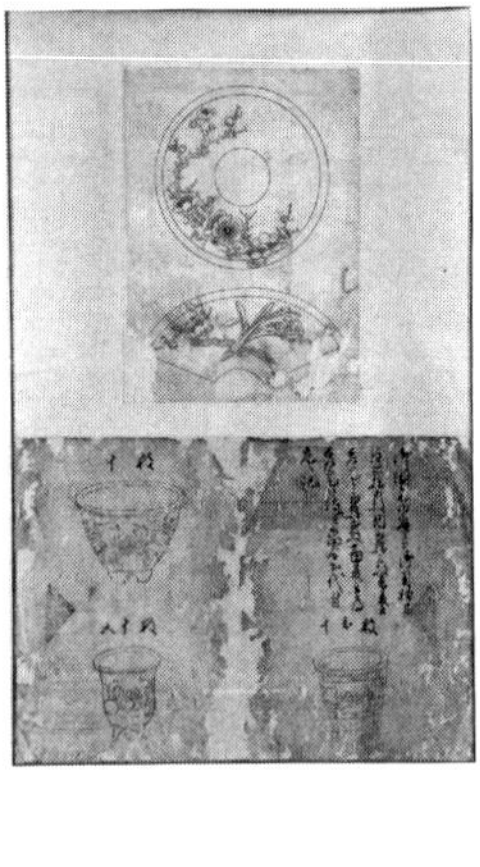

4

図3-7　琉球諸島の園芸に関する絵図資料

1～3．中山伝信録

4．御用植木鉢下図

人の小官が人家の庭へ入り込み「庭咲候菊之花」を折り取ったことが記されている（沖縄県沖縄史料編集所一九八二）。同様の事件は何度か記載されており、植物の種類は記載されていないが、門の開いた邸宅に入り込んでは「草木之花実等」を持ち去っている（沖縄県沖縄史料編集所一九八二、琉球王国評定所文書編集委員会一九九一ほか）。絵図にみたように邸宅内に草花が植えられ、アメリカ人たちの興味を引いたのであろう。『ペリー日本遠征随行記』には、仏寺に手入れの行き届いた仏桑華《ぶつそうげ》 the Hidiscus rosa-sinensis が咲いていたと記述されている（サミュエル・ウェルズ・ウィリアムズ一九七〇）。

絵図ばかりでなく、古写真からも手掛りを得ることはできる。首里城内の二階殿を写した古写真には、盆栽・植木鉢の台となる石柱の列がみられる（首里城復元期成会・那覇出版社編集部一九八七）。ただし『中山伝信録』でみたような装飾の施されたものではない。

路　供　康熙五八（一七一九）年に来琉した徐葆光による『中山伝信録』には、国王の行列を描いた『中山王儀仗図《ぎじょうず》』の中に植木鉢がみられる（図3－7－2　沖縄県立図書館一九七六）。「路供」として台が置かれ、支えと思しき柱があることから屋根が付くと推察される。台には動物の置物が置かれ、周りに七つの植木鉢が描かれている。説明によれば、赤い囲いの中に数十種類の花が何列も並び、木製の獣の置物が置かれるという（沖縄県立図書館一九七六）。なお『中山伝信録』の元本のひとつとされる『冊封全図』（麻生・茂木二〇二〇）にも同じ様子を描いた彩色図があるが、松やソテツと思しき植物が描かれるのみで花は見られない。具体的な内容は不明とせざるを得ないが、少なくとも植木鉢は邸内を飾るだけでなく、重要な式典の際に道端の飾りとして用いられ、台の上に装飾品とともに複数置いて展示されたことがわかる。乾隆二十（一七五五）年に来琉した周煌の『琉球国志略』、嘉慶五（一八〇〇）年に来琉した李鼎元の『使琉球記《しりゅうきゆうき》』にも同様の記述があることから、定められた装飾だったのだろう。

この路供は一時的な装飾だったであろうが、李鼎元は『使琉球記』の中で、首里城へと続く綾門大道《あいじょうふみち》にソテツと仏桑華《ぶっそうげ》の植え込みがあったことを記している（原田訳注二〇〇七）。道の遺構から植木鉢が出土する事例があることは前述したが、やはり道の装飾として草花が植えられていたのであろう。

披　露

邸宅内の園芸は、個人的に楽しむばかりではなかったようだ。『伊江親方《いえおやかた》日々記《ひにっき》』の嘉慶二十（一八一五）年九月二十四日の記述には、崇元寺《そうげんじ》の住職が育てた見事な菊の花を見に行く記録がある。嘉慶二十一（一八一六）年四月二十八日には梅の花の活花を披露し、五月二十五日にも「床に活候作花」を見せるために客を招き囲碁や話に興じたという（沖縄県文化振興会公文書館管理部史料編集室一九九九）。

また『伊江親方日々記』にはよく菊が登場する。菊は琉球諸島の士族の間でとくに親しまれたものらしい。『大島筆記』（一七六二年）には、菊好きの士族が出張のため家を空けた間に、留守を任された妻が菊をダメにしてしまい、夫婦別居になりかけたという話が紹介されている（宮本ほか一九六八）。

『家道訓抜書《かどうくんぬきがき》』（一八七七年）には、花を育て競い合うことは「面白きこと千金を得より楽ミまされ」としつつも、しかし弊害を説き、行き過ぎを戒める内容が記される（那覇市企画部文化振興課一九八九）。裏返せば、士族たちの間でそれだけ真剣に行われたということであろう。

贈　物

『伊江親方日々記』の嘉慶二十（一八一五）年九月二十九日の記事には「見事成大菊五鉢」が贈られて来たという記録もある（沖縄県文化振興会公文書館管理部史料編集室一九九九）。鉢植えは移動できるので、贈物にはしやすかったであろう。

嘉慶五（一八〇〇）年に中国から来琉した李鼎元は、首里王府の高官たちから多くの鉢植えを贈られている（原田訳注二〇〇七　（　）内は筆者註）。

・六月五日、長史《ちょうし》から、仏桑四株
・六月七日、長史から、馬蘭花（アヤメ）を二鉢
・六月十二日、長史から、鉄樹（ソテツ）を四鉢
・八月二十六日、璩榮から、菊を八鉢
・八月二十七日、陳天寵から、禅菊と野牡丹
・九月五日、国王から、菊を二〇鉢あまり
・九月十三日、供応所から、海松（オオイソバナ）と石芝（造礁サンゴ）
・九月二十七日、長史から、文萱（ワスレグサ）と芸香《うんこう》

やはり菊が多く、日時からみて重陽《ちょうよう》にかかわるという意見もある。八月二十六日に菊を贈った璩榮は、菊と書が好きであることを述べて書を請うており、李鼎元はそれに応じている（原田訳注二〇〇七）。

鉢植えだけでなく、花入も贈物として使われていた。『山陽姓大宗系図家譜《さんようせいたいしゅうけいずかふ》』には、四世長亮宮良親雲上《みやらぺーちん》が米・粟を献じて王府の冊封行事を助けた褒美として、花入などを賜った記録がある（石垣市総務部市史編集室一九九四）。また前述の史料にみるように、平田典通は花入を献上している。植木鉢は植物が植えられた状態で、花生はそれだけでも贈物と

して機能していたのだろう。

民衆の園芸文化

文献史料に登場する園芸は、その多くが権力者層にまつわるものである。西洋社会で修道院や王宮が園芸文化の中心になったように、園芸と権力や宗教との結びつきはよくみられる。しかし江戸の園芸ブームにみられるように、草花を愛でる心は権力者に限られない。

今のところ琉球諸島の集落遺跡で植木鉢が出土した例はないので、考古学の手法ではまだ明らかになっていないが、興味深い文献史料がある。『参遣状《さんけんじょう》』康熙三十五（一六九六）年の記事には、西表島《いりおもてじま》の庶民が地元の風蘭《ふうらん》を屋敷内で素朴に楽しんでいる様子が登場する（石垣市総務部市史編集室一九九五）。ただこの記録を残したのは役人であり、西表島に風蘭が生えていることを報告し、地元民に取引を禁じるとともに、王府主導で特産物として日本へ輸出する契機となったことが記されている。後に詳しく述べる。

他国の園芸文化との交流

植木鉢にみるように、琉球諸島の園芸は周辺地域との交流の中で育まれてきた。技術、作法といったソフト面での交流と、植物や園芸用具といったハード面での交流の双方が確認されている。

こうした例のひとつが、海外出張に出た琉球士族が、訪問先の園芸文化に触れることでなされる交流である。『大島筆記』（一七六二年）には、中国福州での「生花の会」に参加する記述がみられる（宮本ほか一九六八）。また『従大和下状《やまとよりくだしじょう》』には、同治九（一八七〇）年に日本に赴いた琉球士族たちが庭園を視察した記録がある（琉球王国評定所文書編集委員会二〇〇〇）。士族たちはこうした出張の機会を捉えて、中国や日本の花卉園芸を見聞きし、情報や技術を琉球諸島にもたらしたことだろう。

また出張の片手間にではなく、活花の修行を目的として海外に出ようとする例もあった。一八六〇年、宮古島《みやこじま》の与那原仁屋という人物は、活花修行のために日本に行きたいという嘆願書を提出し認められている（平良市史編さん委員会一九八八）。

輸出された琉球諸島の植木鉢

こうした園芸文化の交流とともに、琉球諸島の植物や園芸用具が輸出されるというハード面での交流も認められる。沖縄産無釉陶器（荒焼）製の植木鉢が、鹿児島県の名山《めいざん》遺跡（鹿児島市教育委員会二〇〇二）、東京都の墨田区横川一丁目遺跡（墨田区横川一丁目遺跡調査会一九九九）といった士族の屋敷跡から出土している。伝世品には宮内庁所蔵の沖縄産陶器の植木鉢が知られる。かなりの大型品で、銘「鹿島」の黒松の古木が植えられている（新潮社二〇〇三）。沖縄の焼物は江戸時代に「島物《しまもの》」「南蛮物《なんばんもの》」として珍重されたという。こうした遠隔地で出土する植木鉢は、依頼を受けて植木鉢自体が輸出される例と、植物を持ち出すための入れ物として使われた例が考えられる。後者の中には、その後も入れ替えて使われ続けた例もあっただろう。一九世紀代の公文書であるとされる『御用植木鉢下図』には、薩摩藩からの依頼で三種類の植木鉢四五個を送ったことが記されている（図3―7―4　平川二〇一二）。

日本人ばかりでなく、『亜人成行守衛方え御届申上候写』（一八五四年）には、ペリー一行が琉球諸島の植物、鳥類とともに「上焼花入弐ツ」も持ち帰ったことが記されている（琉球王国評定所文書編集委員会一九九一）。植木鉢が欧米に運ばれた記録としては、ほかに『英人来着日記』（一八四七年）があり、イギリス人たちが「今焼手水鉢」を求め、「底をふがし花木鉢に召成置」いて、「百合草　仏草花　てんしやぐ　もひ花　うきん　黄金花」を入手している（琉球王国評定所文書編集委員会一九八九）。水鉢を植木鉢に転用した記述がみられ、興味深い。

ソテツの輸出

琉球の植木鉢そのものにも価値はあったと考えられるが、鉢に植物を植えて運んだ可能性も当然考えられる。実際に文献資料には、日本へ向けて南洋植物を輸出した記録がみられる。

大きく刺のある葉と独特の太い幹を持つソテツは、南西諸島、南九州、中国四川省《しせんしょう》を原産とし、九州南端が北限である。しかしそれより北で育たないわけではなく、「大ソテツ」などと呼ばれる名物ソテツは静岡県や福井県にもみられる。

琉球諸島では、ソテツは飢饉《ききん》の時の非常食として重視されていた。『農務帳』（一七三四年）には、飢饉の時の補いとしてソテツを植えておくよう指示した記録があり（仲地ほか一九八三）、王国を挙げての政策だったことがわかる。同様の令達《れいたつ》は各地にまた何度も布達されている。琉球諸島だけでなく、奄美大島《あまみおおしま》はじめ一部の地域には、現在もソテツの群生地が残っている。

しかし琉球諸島でソテツが観賞用植物として扱われることが無かったわけではない。前述の通り、中国から来琉した冊封使の記録にはソテツの庭木が記録されている。中には高価な観賞用ソテツもあったらしく、奄美島の状況を記述した『南島雑話』（一八五〇〜五五年）には鉢植になる「枝振勝れたる蘇鉄」が紹介されている（名越二〇〇七ａ）。また『評定所文書』「年中各月日記」にはソテツが盗難された事件（一八五六年）が記録されている（琉球王国評定所文書編集委員会一九九五）。盗まれるだけの立派なソテツの鉢植えがあったのだろう。贈物としても利用され、中国から来琉した李鼎元が「鉄樹」四鉢を贈られているのは前述のとおりである。なお李鼎元は中国に持ち帰り盆栽にして楽しむ者がいるとしており（原田訳注二〇〇七）、中国への持ち出しはこの一例だけではなかったと考えられる。

そしてソテツは北の日本列島へも持ち込まれていた。植物の輸出には琉球王国が積極的に関わっていたらしく、『琉球国由来記』（一七一三年）には「花奉行」という王府の役職が「大和御用」の「蘇鉄・風蘭、其外花木等」を扱うと記載される（横山一九九〇）。

花奉行の設置前は自由に取引されていたのか、また設置後にどれだけ統制できたのかは不明だが、少なくともソテツは江戸市中まで到達し、高価な観賞用植物とされていたようだ。『御仕置例類集《おしおきれいるいしゅう》』には、寛政四（一七九二）年に長谷川平蔵が植木屋からのソテツ盗難事件を扱ったことが掲載されており（石井良助一九四二）、盗まれるだけの高価な植物だったのだろう。

すでに江戸時代初期にはソテツ栽培が行われており、『花壇地錦抄《かだんじきんしょう》』（一六九五年）には「唐」「りうきう」「さつまのくめ木」の三種類の「蘇鉄」が紹介されている（君塚一九九五）。「りうきう」とは琉球のことであろうが、高く評価されておらず、琉球産がブランド価値を持っていたかどうか疑わしい。また「くめ木」はおそらく「久米木」であり、「さつま」とされるが沖縄県久米島《くめじま》を指すものと推察される。一九世紀前半の『植木手入秘伝』の「蘇鉄」の項にも「薩州久米島」と紹介されている（今江ほか一九九九）。このほか「びろう」（蒲葵《ほき》）も紹介され「薩州ニありて江戸ニ希なり」とされる。

栽培方法も工夫されており、『花壇地錦抄』や『植木手入秘伝』では、ソテツに釘を打つ栽培法を紹介しつつ批判している。一方、ソテツの原産地である奄美大島の状況を記述した『南島雑話』は、ソテツの一番の肥やしは鉄だとしている（名越二〇〇七ａ）。ひょっとしたら、南西諸島で行われていた荒っぽい栽培法を輸出先で研究し工夫したのかもしれない。

蘭の輸出

蘭は気根《きこん》を伸ばし、地中に植えなくても栽培することができる植物である。残念ながら釣下げによる栽培法は考古資料として残りにくいが、前述の『参遣状』一六九六年の記事には、西表村の住人が風蘭を釣下げて栽培していたことを記している。嘉慶五（一八〇〇）年に来琉した李鼎元も西表島の蘭を紹介し、沖縄島の士族が離島からわざわざ取り寄せることがあると記録している（原田訳注二〇〇七）。ほかにも、琉球では蘭が「孔子花」と呼ばれ好まれていたこと、風蘭は竹細工の鉢に植えて風とおしのよいところにつるし、名護蘭《なごらん》は木の分岐部に寄生させたり棕櫚《しゅろ》の毛につつんで釣下げておいたりしていたこと、特産品をそろえた士族の家があること、多くの種類があることを記している（原田訳注二〇〇七）。

また『参遣状』では王府は大和人に蘭を贈ったり商売にしたりしてはならないとする。『琉球国由来記』に記録された花奉行と合わせ、観賞用植物の輸出に王府が統制を加えていたようだ。とくに風蘭は琉球の名産物と認識されていたらしく、『大島筆記』（一七六二年）には「琉球蘭」が「名産也」とされており（宮本ほか一九六八）、それゆえに統制がかけられたのであろう。ただし『花壇地錦抄』や『植木手入秘伝』といった江戸の園芸書には、ソテツのように風蘭を琉球産とする記載はみられない。輸入先でどのように認識されていたのかははっきりしない。

一九世紀に来琉した西洋人たちも琉球諸島の植物を求め、蘭を持ち帰っている。先に取り上げた『亜人成行守衛方え御届申上候写』（一八五四年）には、ペリー一行が琉球諸島の植物と鳥類を持ち帰ったことが記されており、その中に「名護蘭一鉢」「松蘭《まつらん》一提」が記録されている（琉球王国評定所文書編集委員会一九九一）。「松蘭」は「提」とあることから、釣下げられていたのだろう。

このほかにも様々な種類の植物が輸出された記録がある一方、琉球諸島の園芸記録の中には「江戸菊」の記載がみられることから、植物の輸出は琉球王国から日本への一方通行だけではなかったことがうかがえる。ただ今のところ日本本土産の植木鉢が沖縄県内の遺跡で報告された例はなく、文献史料にも南洋植物の輸出例は多くみられるが、逆に琉球が輸入した植物の例はほとんど確認されない。植物と植木鉢の交流は、琉球からの輸出偏重だったのかもしれない。

園芸植物の入手経路

園芸植物を披露したり贈物にしたりするためには、それだけ優れた植物を入手しなければならない。江戸の町には多くの植木屋があったことが知られているが、琉球諸島の人々は観賞用植物をどのように入手していたのだろうか。史資料に記録されるのは贈物ばかりで、購入もあったと推察されるが、江戸の植木屋のような売買が行われていたかどうかはわからない。

植物の入手経路に関する興味深い史料がある。『評定所文書』「年中各月日記」咸豊六（一八五六）年二月二十日の項に記録された、ソテツの盗難事件である。新田という人物が那覇の古波蔵にあった高江洲という人物の屋敷にソテツを売りに来たところ、久米村の山城の子供たち四人が「蘇鉄ふり」を見分し、これが仙寿院の座主《ざす》が持っていたものと露見した、と記録されている（琉球王国評定所文書編集委員会一九九五）。売り込まれたということは金銭による売買が行われていたことをうかがわせる。そして「蘇鉄ふり」とあるように、ソテツが誰から盗まれたものか見破った園芸のエキスパートがいたこともわかる興味深い史料である。

近世琉球園芸文化の持つ意味

以上みてきたとおり、琉球諸島における花卉園芸は単なる個人的な趣味に留まらず、王権と結びつき、また邸宅の装飾であり、賓客《ひんきゃく》への贈物であり、時には他人に披露し自分のステータスを示すものともなった。技術を磨くため、海外に出ればその地の園芸文化に触れ、留学まで行われていた。園芸の位置付けは多様で幅広く特別なものであった。

植木鉢は近世琉球園芸文化をよく物語る資料である。琉球諸島初の本格的な窯業製品の一つである瓦質土器にすでにみられるのは、それだけ園芸が重要であったことを示している。そして貿易陶磁器、瓦質土器、沖縄産無釉陶器（荒焼）と様々な種類が登場する。とくに瓦質土器と陶器の植木鉢には、中国、日本、間接的には朝鮮半島ともつながる技術がみられ、琉球園芸文化の展開を体現していると考えられよう。また琉球諸島から中国、日本、欧米まで輸出するためのコンテナとして、南国植物を世界に広げる役割まで果たしていたことも見落とせない。

豚飼育

豚飼育の考古学

七〇年代最後の年に、千葉県北部の新興住宅地に生まれた筆者にとって、身近な動物と言えば愛玩目的の犬か猫に限られ、鼠すらほとんどみたことがない。故郷はもともと馬場があったところで、市内に競馬場が二つもある地域だが、それでも馬や牛に出会う経験すら乏しかった。本書で扱う豚に関しては、ハムやソーセージとなって口に入りこそすれ、実物の息遣いに接したのは動物園が初めてだったのではないかと思う。絵本で『三匹の子豚』を読んだ方がはるかに先だった。

筆者の経験はおそらくそれほど特殊なものではないだろう。現代日本の四〇代までの世代で家畜が身近にいた経験がある人は、家や近隣で畜産を仕事にしていない限り珍しい。

そもそも日本列島には古代から肉食を避けるきらいがあった。豚に関してはなおさらで、過去にさかのぼるほどつながりは薄くなるだろう。

本書で扱う琉球諸島は、鹿児島と共に豚とのつながりが古く強いと言われるが、それでも過去のものになりつつある。各家々で豚を育て、自家消費する飼育法が広く普及したが、一九七〇年代ごろまでに消滅していった。家庭内で豚を飼っていた経験者は高齢となり、宅地の近代化や道路拡幅の影響もあって豚飼育施設も消滅しつつある。琉球諸島だけでなく、アジア全体では現在でも豚と隣り合う人々の生活はみられるが、それでも徐々に薄まりつつあるようだ。

本書で扱う最後のテーマは、琉球諸島の豚飼育である。近年まで当たり前に存在した、豚の個人飼育について、豚と豚小屋が映し出す近世、近代、現代の琉球諸島史まで踏み込んで考えてみたい。

豚飼育の始まり

世界で初めて豚の飼育を始めたのは中国と西アジアだったことが、考古学の研究成果から示されている。その後イスラームの広がる西アジアでは豚が飼われなくなっていくが、中国はその後も豚飼育を発展させ、現在は世界最大の生産地であり消費地となっている。

中国の近隣にあるものの、そもそも農耕がなかなか定着しなかった琉球諸島では豚飼育は遅れたと推察されるが、具体的にいつごろから豚が飼育されていたのかは諸説ある。高橋遼平氏は、琉球列島中部圏では約七二〇〇～四四〇〇年前、南部圏でも約二〇〇〇年前に、野生のリュウキュウイノシシとは形態・遺伝的に異なる特徴を持つイノシシ属が存在したとし、人類の移動や交流による可能性を指摘している（高橋二〇一二）。

動物考古学の見地からは樋泉岳二氏が、貝塚《かいづか》時代後期（弥生時代～平安時代並行期）前半には琉球諸島でイノシシが大型化しており、大陸からの豚の導入による混血が生じた可能性を指摘している。ただし仮に飼育が行われていたとしてもその比重はあまり高くなかったのではないかとしている（樋泉二〇〇三）。

豚飼育の普及

一般には琉球諸島での豚飼育の始まりはグスク時代とされ、遺跡から骨が出土するようになる（樋泉二〇〇三、沖縄県文化振興会公文書管理部史料編集室二〇〇三）。文献史料では、朝鮮王朝の『成宗実録《せいそうじつろく》』に記載される一四七二年の漂流民の記録に沖縄島の家畜として登場している（国史編纂委員会一九八六）が、先島諸島の家畜には豚の記録がない。先島諸島では、『八重山島諸座御規模帳《やえやまじましょざおきもちょう》』（一七六八年）には豚と労働の交換レートが掲載され（得能二〇一四）、乾隆五十四（一七八九）年には西《いり》表島崎山《おもてじまさきやま》村での豚飼育が奨励された記述がある（得能二〇〇七）。

豚の飼育は近世琉球期には奨励されたらしく、王府《おうふ》の歴史書『球陽《きゅうよう》』の尚敬王《しょうけいおう》元（一七一三）年の記事には、各村々で鶏や豚を飼わせ、さらに飼育が行われない久高島《くだかじま》には調査が行われたと記録される（球陽研究会一九七四）。王府の著名な政治家である蔡温《さいおん》によって一七五〇年に書かれた『独物語《ひとりものがたり》』には、豚が中国からの客人を歓待する重要な食材だったこと、しかし不足があったため奄美諸島の島々から集めたこと、不足のないように豚飼育が奨励され、首里《しゅり》と那覇で消費される分は近郊で自給できるようになったことが記される（蔡温一九三四）。

以上を踏まえると、豚はグスク時代に定着し、遅くとも一八世紀までには沖縄島を中心に琉球諸島全域で豚飼育が行われ、また奨励され、豚の気配が民衆生活の中で日常的に感じられるものになったと考えられよう。

豚の役割

しかし『独物語』に見るような中国の賓客と異なり、琉球諸島の民衆にとって豚肉料理は年に数度の特別なハレの食材だったようだ。『大島筆記』（一七六二年）には年始、節日、祭日に豚肉を食することに対し王府役人から禁止令が出されたが、年に数回の楽しみを禁止されては耐えられず、人々が反抗に出たことが記される（宮本ほか一九六八）。

また後に詳しく述べるが、豚は食料としてばかりでなく、様々な素材、また堆肥《たいひ》生産や排泄物処理の役割も担っていた。さらに儀礼においても役割を果たしていたという。

このように、豚の果たす役割は広く多様であり、単なる食材としての意味を超え、琉球社会を形成する文化要素のひとつだったといえるだろう。他者の目からみても、豚は琉球の象徴の一つだったようだ。近世日本の風物誌として名高い『守貞謾稿《もりさだまんこう》』には「獣肉店」という項が設けられ、嘉永年間（一八四八〜一八五五年）以降に江戸で広まり始めた豚食店の行燈《あんどん》には「琉球鍋」と墨書きされたという（喜田川一九九六）。

琉球諸島の豚飼育施設

豚は琉球諸島の人々にとって大切な動物だった。豚は放し飼いでも飼育できるようだが、豚の特性に応じた特別な施設が使われることがよくある。

呼称と用語

沖縄諸島では「フール（風呂）」、「ワーフール（豚風呂）」等と呼ばれ、奄美では「オーヌマキ（豚の牧）」、先島諸島では「オーヌシー（豚の巣）」「オーヌヤー（豚の屋）」とも呼ばれている。実際には豚を飼うだけでなく様々な用途を併せ持つため、豚の飼育を主な機能として持つ施設、と捉えるのが妥当であろう。

本書では、とくに豚に人糞を与える便所機能を持つものを「豚便所」、それ以外を「豚小屋」と呼んで区別することにする。なおこの定義では、専業的で大規模な近代的豚飼育を行う「豚舎」は「豚小屋」に含まれることになるが、本書では必要に応じ断り書きを入れて論を進める。

また多くの豚飼育施設は、いくつかの役割が異なる施設が集合して構成される。本書では、区画され豚が飼育される部分を「小屋部」、豚小屋と関係しつつ肥溜めにより水肥《みずごえ》を生産する部分（沖縄島ではクェーチブ、コーグェーチブ（萩原二〇〇九）、あるいはシーリと呼ばれる）を「塵溜《ちりため》部」と呼称する。

豚飼育施設を研究する意味

人と豚の歴史を掘り下げていく際に最も重要な調査対象は、当然だが豚そのものであろう。しかし遺跡から出土する豚は骨の細片になっていることも多い。また頭や歯など、特徴がはっきりわかる部位が出土しない限り、豚とイノシシの区別は難しい。喫煙や園芸と同じく、豚飼育研究もまた肝心な対象が残りにくいという課題があるのだ。そこで豚そのもの以外に手掛かりを求める必要があり、豚飼育施設の研究は重要な意味を持つことになる。

また琉球諸島の豚飼育施設は豪華なものが少なくない。個人で所有管理するものとしては墓と並ぶ規模であり、そこにかけられた手間と財産は莫大なものだっただろう。豚が大切だったように、豚飼育施設もまた大切なものだった。ならば豚飼育施設の研究は、民衆史研究においても重要となってくるだろう。そして豚飼育施設は世界中に分布し、豚便所の類例はアジア各地に存在することが知られている。中には魚、ニワトリなど、豚以外の家畜を使用する例も存在するという（平川二〇〇〇）。豚飼育施設の研究は、アジアのグローバル交流の研究ともなるのである。

そして豚飼育が行われた時期を考えると、歴史研究上の意義もあることに気づく。琉球諸島全域の家庭内で豚が飼われていた期間は、一八世紀から一九七〇年代までのおよそ二〇〇〜三〇〇年間である。これは琉球王国が存続していた近世琉球期から、日本国沖縄県が設置された近代、そして太平洋戦争とアメリカ統治時代を経た現代にあたる。琉球諸島の政治的位置づけ、社会構造、価値観が大きく動き続けた時期である。この間、豚飼育施設は人々の身近にあり続け、また変化し続けてきた。豚飼育施設の展開には、こうした歴史の動きが反映されているに違いない。

こうした様々な可能性を持つのが豚飼育施設の研究である。ではまず琉球諸島の豚飼育施設の具体的な様子について、資料に即してみていくことにしよう。

琉球諸島の豚飼育施設は貴重な資料であるにもかかわらず、考古学的観点からの研究はまだまだ乏しい。また施設の老朽化、関係者の高齢化が進んでいることから、早急な調査が望まれる。筆者は琉球諸島各地を踏査し、各地に残された豚飼育施設を集成してきた。築造された記年銘のあるものや、廃村に残された例を年代のわかる資料として重視するとともに、合わせて所有者や豚飼育の経験者への聞き取り調査、関連する文献史料（古文書、新聞記事、民俗誌など）も収集し、それぞれの成果を総合して分析を加えた。

遺跡、史跡にみる豚飼育施設

筆者の調査で確認できた豚飼育施設は、主な素材として石やセメントを用いたものに限られる。植物質の素材を主材として用いたものもあったと予想され、そうした証言も得られたが、残念ながら現存しない。また現存する豚飼育施設は離島に多くみられ、都市部には少ない傾向にある。元々こうした偏りがあったとも考えられるが、都市化が進む中で片づけられてしまった例も多いようだ。

分類の基準となる特徴

琉球諸島の豚飼育施設は、平面形が直線と直角からなる長方形の形態となる例が多い。そしてこれまでの調査によって、琉球諸島全域で豚飼育施設の内容に大きな地域差はみられないことが確認された。一方、こうした一体性とともに、時期差、地域差を反映すると考えられる特徴の違いも多くみられる。分類の基準としては、壁と屋根の素材や構造、形状を挙げることができる。また小屋部床面や出入口の特徴、排水溝や塵溜場の有無、豚便所の場合は便座の構造といった要素を挙げることができる。

現在確認される琉球諸島の豚飼育施設は、壁の部材に石灰岩《せっかいがん》を用いることが多い。入手しやすいためと考えられるが、安山岩《あんざんがん》の産出される久米島《くめじま》でも石灰岩が主体となっており、加工しやすさやこだわりもあるのだろう。また地域によってはテーブルサンゴや菊目石《きくめいし》も用いられる。ほかには石灰岩や緑色片岩《りょくしょくへんがん》を荒加工して積み揚げる例、ビーチロックや陸産の緑色片岩を板のように平たく加工して使用する例もみられる。またセメントも重要である。石積の壁や、壁と壁の接合部の隙間にはセメントを充塡する例もある。中には壁や仕切りをすべてセメント作りとした豚小屋もみられる。

平面形と比べ、屋根は多様である。石造りでアーチをなすもの、柱で支える木製の切妻《きりづま》屋根《やね》のものなどが確認される。とくに前者は、直線と直角からなる平面形とコントラストをなし、独特の美しさを持っている。

壁の素材と構造、屋根の特徴、そして便所機能の有無に注目すると、琉球諸島の豚飼育施設は大きく五種に分類される。
石製野面積《のづらづみ》・無蓋型《むがい》（豚便所）
石製布積《ぬのづみ》・石屋根型（豚便所、豚小屋）
石製布積・無蓋型（豚便所、豚小屋）
セメント製・セメント屋根型（豚小屋）
セメント製・無蓋型（豚小屋）

「無蓋型」は、屋根が確認されないという意味の呼称であり、必ずしもなかったという意味ではない。柱の跡などが残るものもあり、かつては木製屋根を備えていた可能性のあるものも含まれる。またこのほかに例外的な特徴を併せ持つ豚飼育施設もみられる。

【石製野面積・無蓋型（図4―1）】石垣島平久保半島《いしがきじまひらくぼはんとう》の東海岸に位置する安良村《やすらむら》跡や、沖縄島中部に位置する恩納村《おんなそん》の安富祖古島《あふそふるじま》遺跡等で確認される。現在海岸近くに残る安良村跡は、おそらく一八六四年以降に移住により築かれ、一九一二年に廃村となった（石垣市総務部市史編集室一九九九）ことから、二〇世紀初頭以前に製作されたと考えられる。これまでに確認された豚小屋の中で最古のものといえよう。

安良村跡では三基が確認されており、そのうち「濵崎与利邸」に所在する二基が調査さ

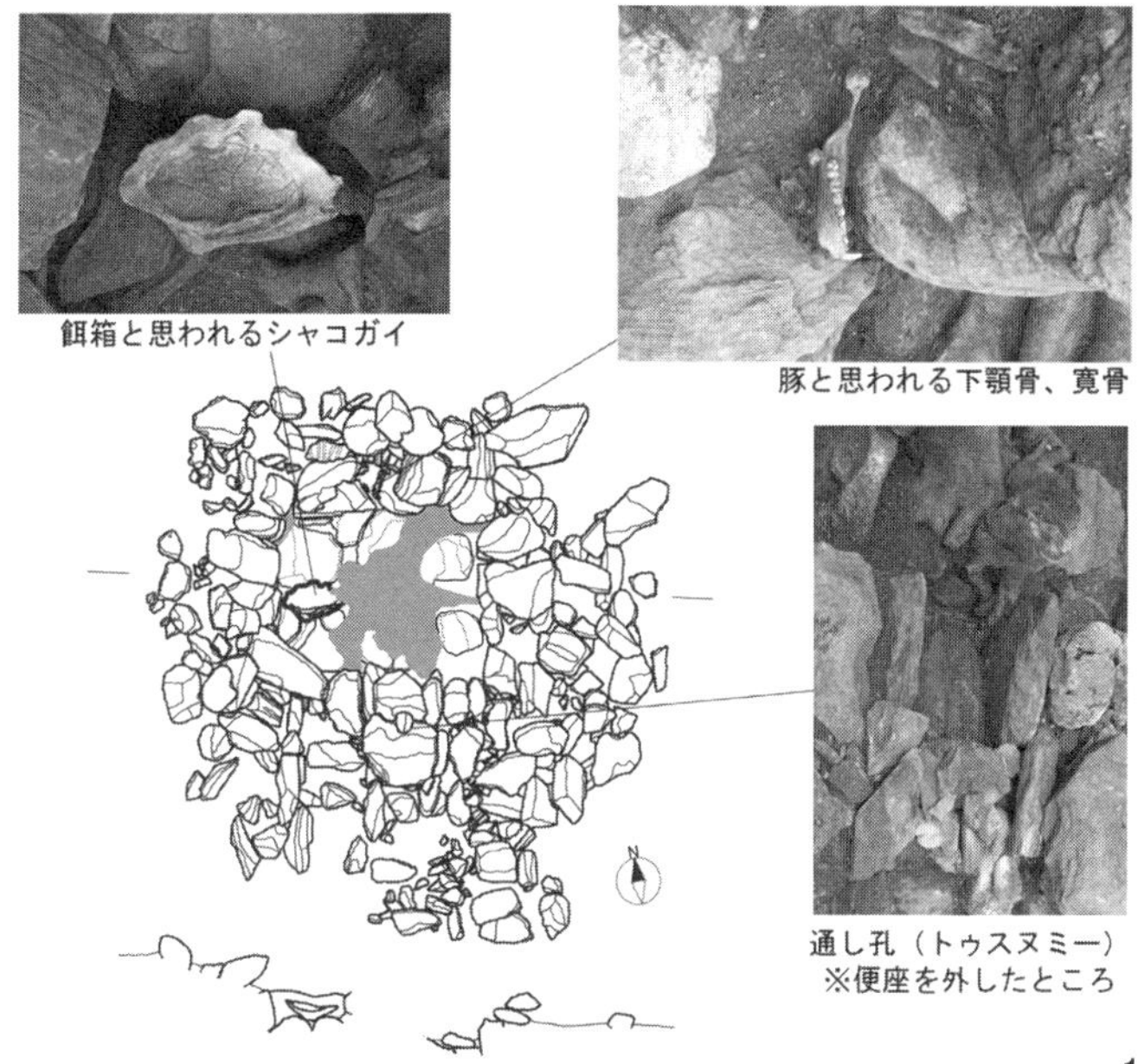

1

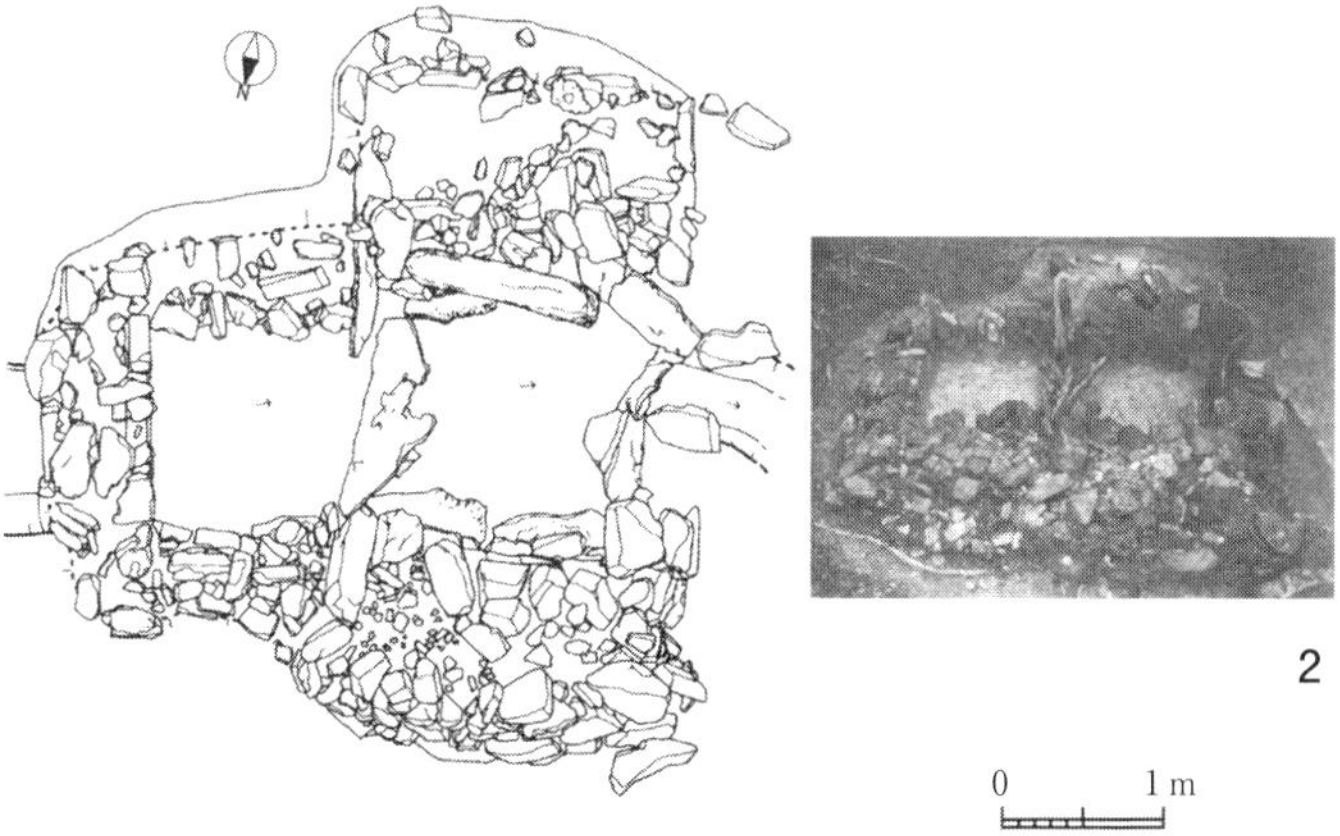

2

図4－1　石製野面積・無蓋型

1．安良村跡（石垣島）　2．安富祖古島遺跡（沖縄島）

れた（図4－1－1）。屋根は確認されず、木製で残らなかった可能性もあるが、柱穴等も確認されない。

便座があることから、豚便所であったことがわかる。小型で扁平の石材を二列に縦置きして通し孔（トゥスヌミー）を作り、その上に便座を据える。便座には、緑色片岩の大型で扁平な石材を二枚用い、それぞれ小さな抉《えぐ》りを設けて向かい合わせに据えている。床は扁平な青色片岩《せいしょくへんがん》を敷いて平坦に作られているが、不整形なため隙間も多い。床や壁に排水溝などは確認されない。なお据え置いた状態のシャコガイが出土しており、餌箱と推察される。そして床と小屋部を埋めていた土中からは魚、陸生哺乳類の骨が出土しており、豚の餌と推察される。骨は骨髄まで抜かれていることから、人間が食した後の残飯であろう。また餌にならない陶器片やハリセンボンの棘《とげ》も出土しており、最後は廃棄場所に転用されたと推察される。

小屋部は一部屋のみ確認され、主に陸産の緑色片岩《りょくしょくへんがん》を使用し、人頭大に荒整形したものを積み上げた「野面積」の壁を設けている。床と同じく隙間も多い。そして奥（便座と反対側）の石壁内から老齢の豚と思われる下顎骨《かがくこつ》、寛骨《かんこつ》、人間の歯が出土し、畜舎の呪《まじな》いと考えられる。豚やイノシシの下顎は「カクジィ」と呼ばれ、吊るして魔よけにする習慣が知られるが、そうした事例の一つであろう。また出土した人間の歯は上顎の左奥歯にあたり、摩耗《まもう》がひどく、死後に脱落したものであった（谷畑美帆氏のご教示による）。白骨化した年配者の遺体から抜いてきたのだろうか。

沖縄島恩納村の安富祖古島遺跡でも、石製野面積の豚飼育施設が確認されている（図4―1―2　恩納村教育委員会二〇一一）。安富祖集落は戦後に全戸が移住していることから、それ以前に作られたものであろう。近隣で採取できる千枚岩《せんまいがん》や大型のテーブルサンゴを素材に用いている。ただしこちらの例は便座が無く、小屋部が二槽あるものも確認されることから、後に述べる石製布積・無蓋型との共通点も認められる。ただ祖型となるのか、経済的理由などから野面積にしたのみで、石製布積・無蓋型の模倣なのかは判然としない。なお一基は廃棄場所になっており、安良村跡の豚便所と同じように転用されたことがうかがえる。

この他、昭和三十八（一九六三）年に池間島《いけまじま》で撮影された写真に、石製野面積の豚飼育施設がある（野口一九七二）ことから、戦後まで使われていたと推察される。

【石製布積・石屋根型（図4―2）】琉球諸島の豚飼育施設の代表格であり、最も装飾性に富む。文化財登録されたものやテーマパーク等に移築保存されたものもあるので、比較的

2

3

4

図4-2　石製布積・石屋根型

1．底川村跡（沖縄島）　2．旧知念家住宅（沖縄島）
3．糸満市（沖縄島）　4．本部町（沖縄島）

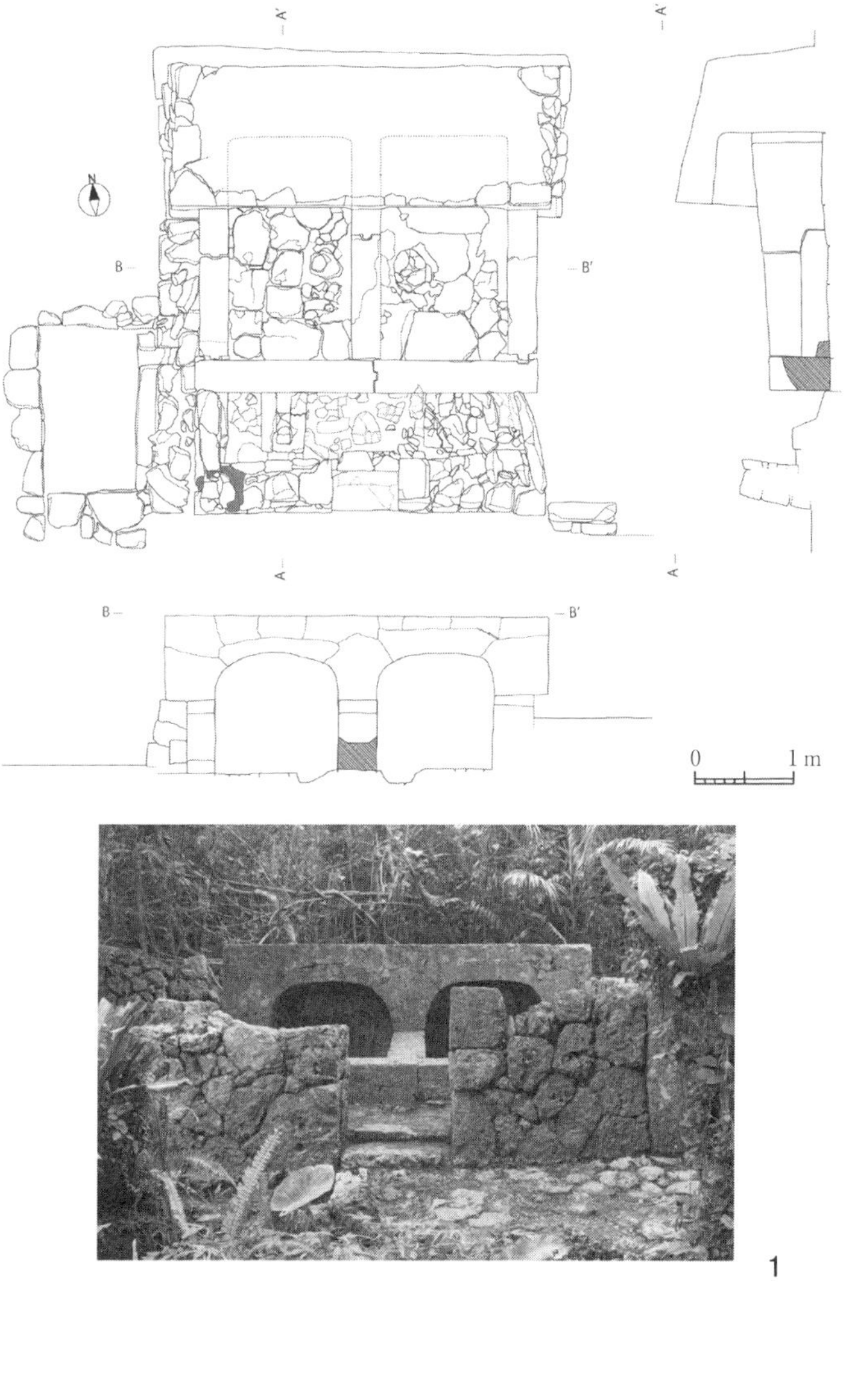

1

あちこちでみることができる。戦前の古写真や、戦後に廃村となった集落でも確認される。
直方体に加工された石材を互いに違いに積み上げる「布積」の壁を築く。石材の中には全長一㍍《メートル》を超す大型のものもみられ、とくに外から目に付く部分には面取りされた大型の石材がよく用いられる。また石材同士が組み合わさる部位には凸凹を設け、嚙み合うようにした工夫をしたものもみられる。

小屋部は縦方向に仕切りを設け、縦長の長方形の部屋が二つ以上横に並ぶ構造となっている。一部屋だけのものもあるが、中には三部屋、四部屋と連結したものも確認される。それぞれの小屋部は同じ規格で作られており、全幅は一三〇㌢《センチ》前後、壁の高さは八〇㌢《センチ》前後に集中する。複数の小屋部を設けることで、何匹もの豚を飼育することや、成体と幼体の飼育分けも可能だろう。

小屋部の奥側半分には石製の屋根をかける。屋根の上面は平坦に、屋根の内面は石材を組み合わせてアーチを作る例が多い。この特徴的な屋根は「マチ」と呼ばれ（萩原二〇〇九）、形態をガンチョー（メガネ）と見立て、「ガンチョーフール」という呼び名もあったようだ（上江洲一九八二）。製作方法や石材の取り方は、一枚の石材で製作するもの、二枚の石材で製作するもの、三枚以上の石材で製作するものが確認され、大きなアーチになるほど石材の数は増える。なお無蓋部分にも追加で屋根をかけるため、左右手前に柱を据えたもの（図4―2―2）や痕跡が残るもの（図4―2―1）もみられる。

　床面は石が敷き詰められ、屋根の下になる部分は平坦である。無蓋の部分は手前に向かって傾斜する。そして正面壁に沿って床に排水溝が設けられ、そのまま横に延びて壁を抜け、豚小屋の外へと連結する。外側には塵溜部が設けられ、排水溝が連結して小屋内部の汚物が塵溜部に流れ込むように工夫されている。

　正面壁の外側には、各小屋部と対応するように便座を設ける例が多くみられる。便座の前には目隠し壁が立てられることもある（図4―2―1）。便座は石塊を削って作られ、多くは一つ、大型の便座になると前後二つの石塊を組み合わせて作られる。上面は平坦に成型され、そこから急角度に落ち込む縦方向の溝を設けて通し孔とする。便座が据えられた正面壁には孔が設けられ、小屋部内と便座の通し孔が連結される。この正面壁の孔は小屋部側ほど広い形状となり、平面形はやや左右辺が膨らんだ三角形を呈する。この孔も規格が揃っており、小屋部側の開口部は四〇センチ前後、すぼまった先の便座側は二〇センチ前後に集中する。

　なお中には便座を欠損するもの、正面壁の孔や便座の通し孔を塞いだものがみられる。

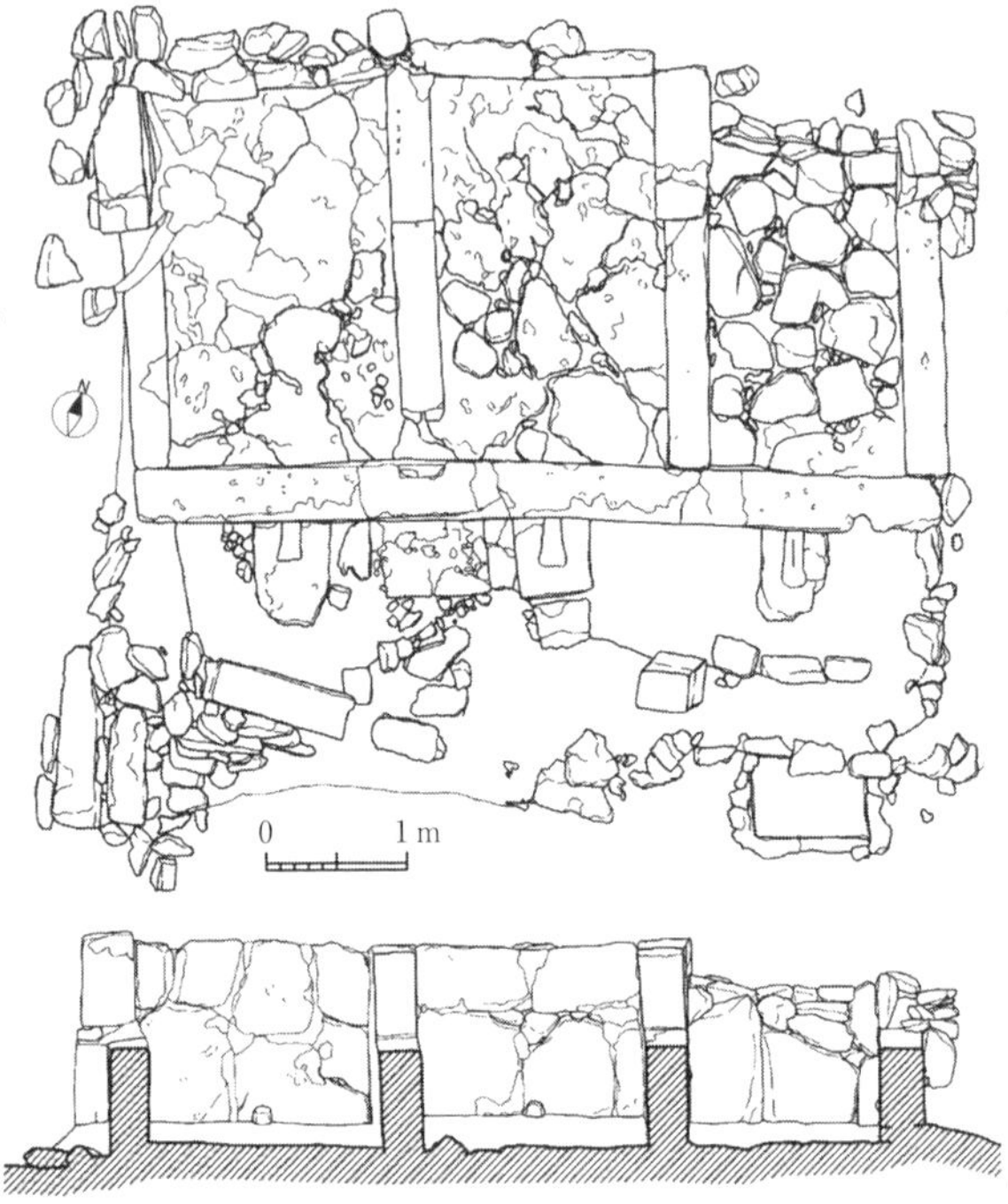

1–1

1–2

2

図4－3　石製布積・無蓋型

1．沖縄島（楚南村跡）

2．竹富島（旧與那国家住宅）

また塵溜部の方に便座が設けられるものや、塵溜部に蓋がされ、縦長の溝が開けられて便座となっているものもある。塵溜部に便座が付くものは小屋部には便座が連結しない。こうした事例は、便所の機能が小屋部から塵溜部に移動されたことを示しており、豚便所から豚小屋へと改造されたものと理解される。

【石製布積・無蓋型（図4－3）】石垣島を中心に先島諸島でよくみられるが、沖縄島うるま市の楚南村《そなんむら》跡（図4－3－1）でも検出されている（うるま市教育委員会二〇一二）ほか、筆者は久高島でも目撃しており、琉球諸島に広く分布していたと考えられる。

基本的な構造は布積・石屋根型と同様だが、石屋根が作られない。ただし壁の後方側に段を設けて高くするものが多くみられ、これは石製布積・石屋根型と同じである、また壁上面に柱穴があるもの、セメントや石製の柱が壁や仕切りの上面等に建てられたものがみられる（図4－3－1）ことから、柱を立てて屋根を設けていたと推察される。復元・保存された事例には、そうした別作りの屋根が付くものが多い。

【セメント製・セメント屋根型（図4－4）】形態上は前述した石製布積・石屋根型とよく一致する。ただ部材が異なり、セメントによる一体成型がなされる。また壁の幅は一五チ《セン》前後と薄く、後述するセメント製・無蓋型と一致する。筆者は池間島、竹富島《たけとみじま》で確認して

1

2

図4－4　セメント製・セメント屋根型
1．池間島　2．竹富島（喜宝院蒐集館）

おり、池間島では昭和四十年代まで使用されていたという。

【セメント製・無蓋型（図4－5、4－6）】壁の部材として主にセメントを用いるもので、石板材やブロックなどを併用する例もある。入口が正面壁に設けられ、壁の幅は一五センチ前後となる。壁と床のみで屋根は確認されない例が多いが、木製の屋根をかけたもの（図4－5－2）もみられるため、元々は設けられていた可能性がある。

　セメント製・無蓋型の豚飼育施設は形態から大きく二種に分類される。

①　石製の布積・無蓋型と同様の形態となる（図4－5）。セメント製・セメント屋根型と同じように、素材を置き換えたものであろう。ただし正面の壁が高い、入口が設けられる等の違いがあるものもみられる（図4－5－1）。

②　セメントによる一体成型がなされ、床面に排水溝は

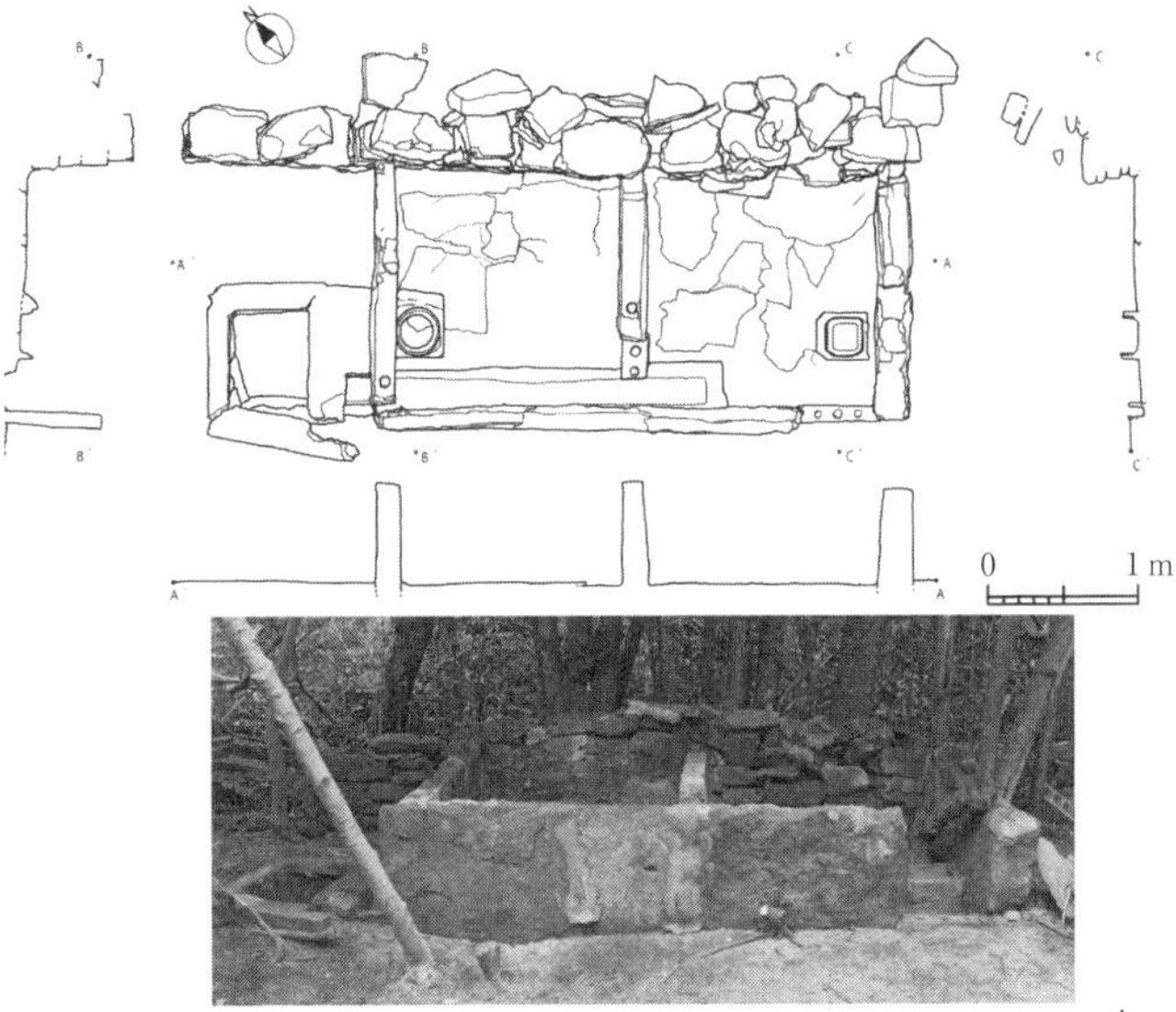

1

2

図4-5　セメント製・無蓋型①

1．西表島（網取村跡）

2．久米島（上江洲家）

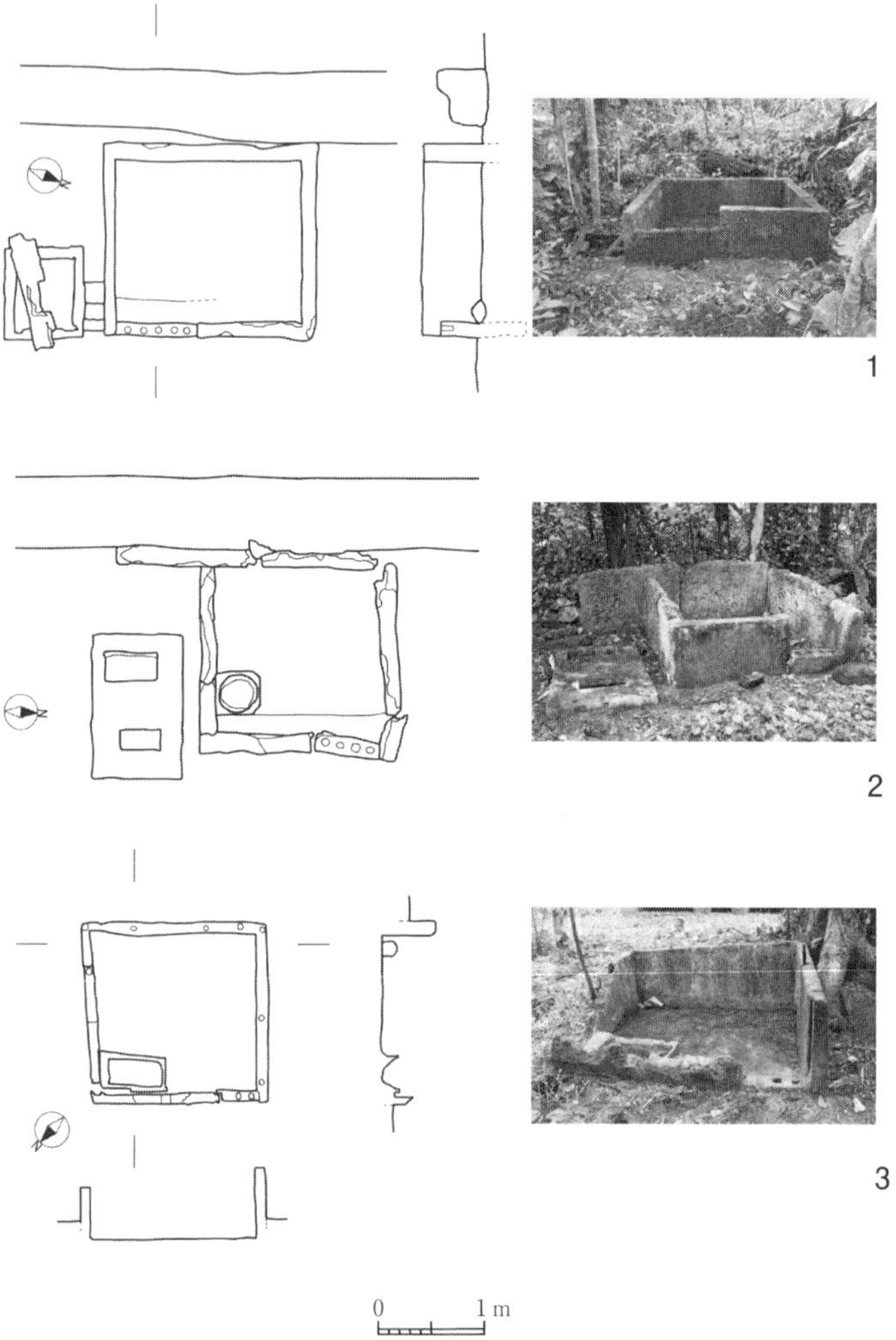

図4-6　セメント製・無蓋型②
1～3．西表島（網取村跡）

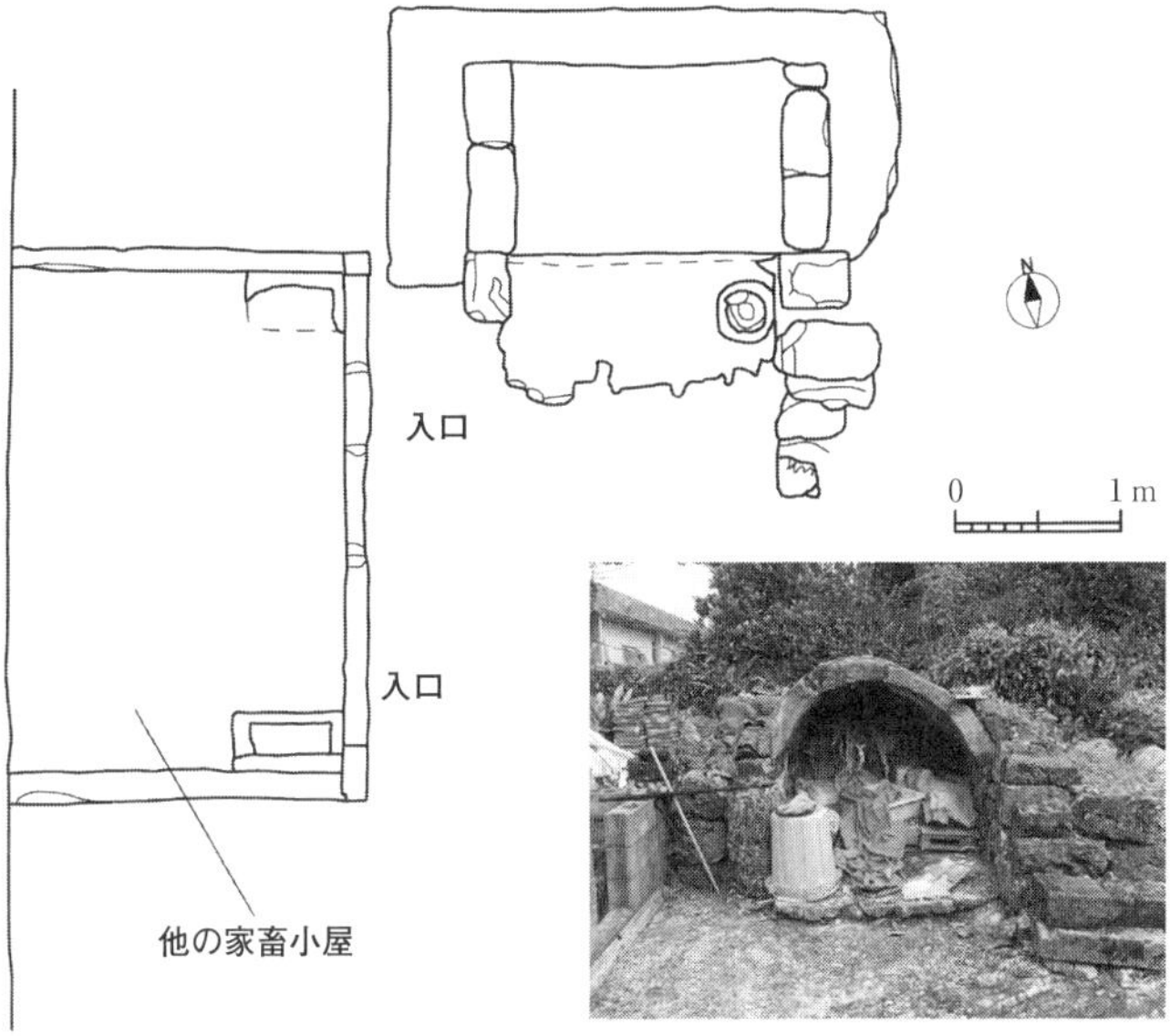

図4-7　派生型（竹富島）

設けられないか、若干の浅い窪みが作られるのみに留まる（図4-6）。中には石灰岩などセメント以外の部材と組み合わせたものもみられる（図4-6-2）。塵溜部がある場合、壁に塵溜部と連結する排水孔は設けられるが、塵溜部が配置されないものもある。屋根は確認されないが、壁の上面に孔を設けるもの（図4-6-3）もみられ、柱を立てて屋根をかけた可能性が考えられる。

【派生型（図4-7）】一部の豚飼

育施設はこれら五類型に当てはまらず、派生型と考えられる。中でも石製布積・石屋根型には多くの派生型が存在する。本書では一例を紹介する。石製布積・石屋根型に分類されるが、小屋部が一部屋のみで、石屋根の天井が平坦ではなくアーチとなる。筆者は竹富島で確認している（図4－7）。

文献史料、民俗誌にみる豚飼育施設

考古資料の分析だけではなく、文献史料や絵図、民俗誌にも豚の飼育に関する記録がある。決して豊富ではないが、年代順にみてみよう。

放し飼いの豚

近世琉球期の豚はどのように飼育されていたのだろうか。残念ながら飼育方法の実際について触れた史料は少ないが、豚小屋を用いない飼育法がうかがえる史料もある。

琉球王国の歴史書である『球陽《きゅうよう》』の一七九九年の記事には、石垣島の新川村《あらかわむら》で、屋敷内北側隅の家屋から一〇間（約一八メートル）ほど離れたナラの木につないであった一〇斤（約六〇キログラム）の豚が、落雷によって焼け死んだことが記されている（球陽研究会一九七四）。豚の死は朝に気付いたとあることから、つないであったのは夜であり、日中は放し飼いであったかどうかはわからないが、少なくとも豚飼育施設はなかったのであろう。ナラの実は豚の食料ともなり、餌を与える意味もあっただろう。

なお日常的に紐《ひも》でつなぐ例もあったらしく、琉球諸島では八重山諸島《やえやましょとう》の新城島《あらぐすくじま》で、豚の耳に紐を通し縁の下で飼っていたという（黒澤二〇一七）。いつごろから行わていたのかは定かでない。

近世琉球期の記録

では豚飼育施設はいつから存在したのだろうか。古いところでは『球陽』の一七一三年の記事として、久高島では豚を飼わないという一文がある。人々に豚や鶏を飼わせるようになったのに、久高島では飼われていない。その理由を問うたところ、昔、「豚出于外」つまり外に出た豚が、糞で神様の衣を汚してしまい、神の怒りを恐れて豚を飼わなくなったこと、一〇年ほど前から飼うようになったところ村が廃れてしまい、神の祟りとされたことが記されている（球陽研究会一九七四）。外に出たということは、豚は中にも居るのであろう。逃げ出した豚なのか、放し飼いにされていた豚なのかはこの一文ではわからないが、豚を中に入れておく飼育施設があった可能性はうかがえる。

豚飼育施設がはっきりと記録されているのが、『耕作下知方《こうさくげちがた》並《ならびに》諸物作節附帳《しょぶつさくせつけちょう》』（一八四〇年）である。堆肥の製法について、台所の庭に茅《かや》などを広げ、朽ちたら「ふろ（フール）」に取り入れて「ふた（豚）」に踏ませると記載される（仲地ほか一九八三）。便所との関係や素材、形状について記載されていないのは残念だが、堆肥を作らせる目的がある以上、この「ふろ」には少なくとも壁が存在したと考えるべきだろう。そして「ふた」も「ふろ」も明らかに日本語である点は興味深い。中国や朝鮮半島の豚文化との関係が強調される嫌いがあるが、大陸からの影響のみで琉球の豚飼育が展開していたわけではなさそうだ。

先島諸島においては、『富川親方八重山島農務帳』（一八七四年）に「ふた牧」を作って豚に堆肥を作らせるとともに、放し飼いを取り締まる記載がある（沖縄県立図書館史料編集室一九八九）。この時期まで行われていた放し飼いを、王府の指示で堆肥生産をともなう豚小屋での飼育に切り替えさせたことがうかがえる。

近代の記録

豚飼育施設の具体的な記録は、近代になるとみられるようになる。一八七八年に那覇を訪れた渡辺重綱《わたなべしげつな》氏の『琉球漫録《りゅうきゅうまんろく》』では、大便所は石で箱状に作ってその中に子豚を住まわせ、側面の小口から用を足すと中の子豚がすべて食べてしまうと記述される。子豚は人が近づくだけで「鼻頭ヲ尖ラシフン々々喜色アリ」だという（渡辺一八七九）。石壁は野面積なのか布積なのか、屋根があるのかはわからない。なお『琉球漫録』には辻町の屠畜場《とちくじょう》や那覇港での豚、豚油の輸出入記録も掲載されており、興味深い資料となっている。

笹森儀助《ささもりぎすけ》の『南島探検』（一八九三年）では、「民家ノ雪隠《せっちん》」は豚便所で、一辺四、五尺（約一二〇～一五〇センチ）の囲いを石積で成形すること、その家の経済状況に応じて、成形された切石積《きりいしづみ》や野面積が存在すること、石積から便座が張り出して設けられることが記される。笹森は西表島仲間村の豚便所で用を足そうとし、豚に尻を舐められた経験を記している（宮本ほか一九六八）。切石積の豚便所とは石製布積、野面積は安良村跡でみられたような石製野面積のことであろうか。かなり詳しく書かれるようになっているが、ここでも屋根の有無はわからない。

屋根を持つ豚小屋は、『沖縄風俗図絵』（一八九七年）に掲載された那覇の民家の絵図にみることができる。石製布積・石屋根型の特徴的なアーチ屋根がわかる（図4－8－1）。文中の説明は、屋敷の一隅に一間（約一・八メートル）四方の穴を設け、二、三頭の豚を入れて便を食わせると記載される（野口編一八九七）。石製布積の豚小屋は確かに二メートル程度の幅を持

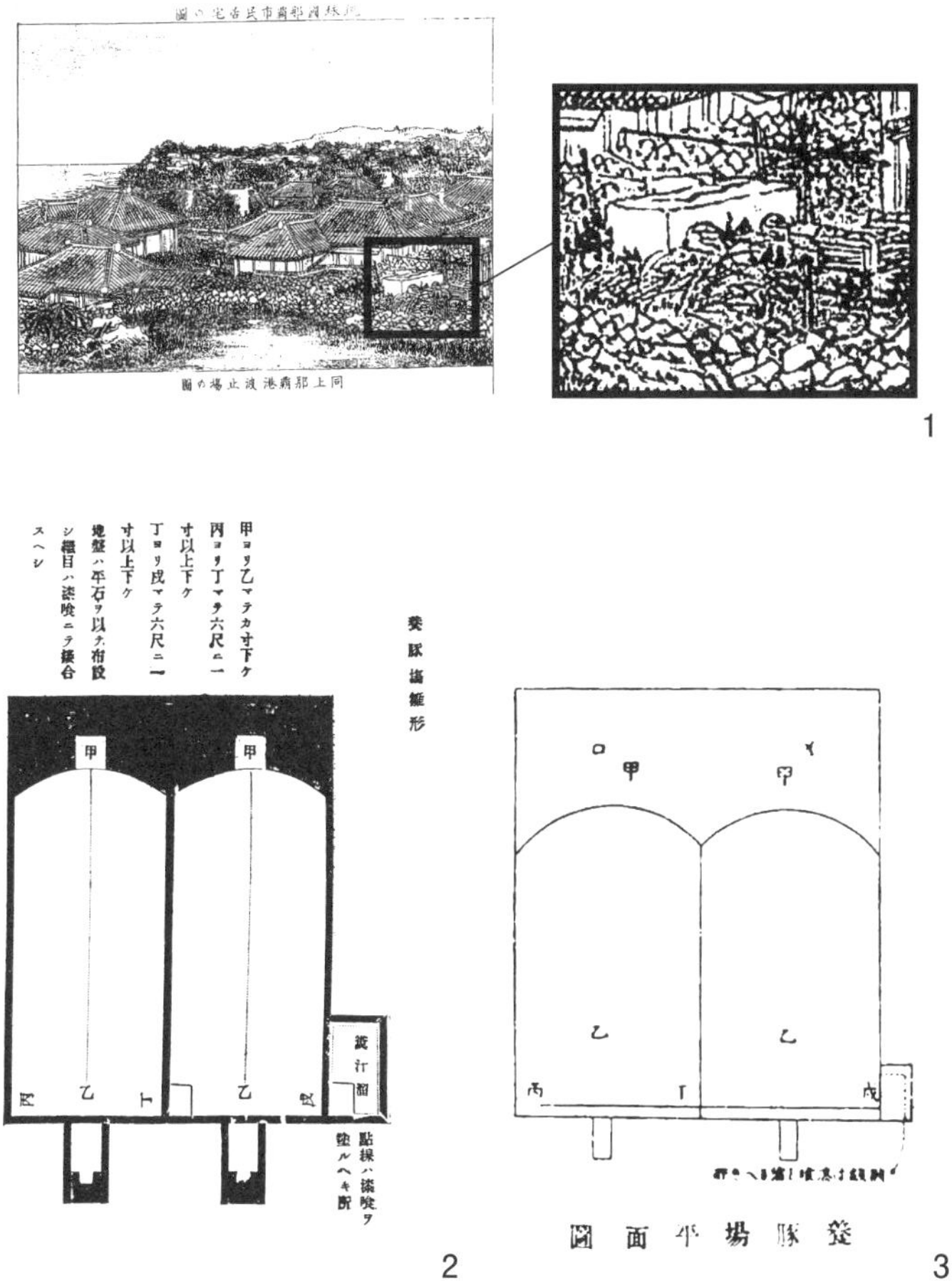

図4－8　豚飼育施設に関する絵図資料

1．沖縄風俗図絵（1897年）

2．県令第三十号（1905年）

3．通俗豚飼育法（1924年）

ち、半地下式になっている。石製布積・石屋根型は一九世紀末までに登場したとみなしてよいだろう。なお『琉球風俗図絵』には人糞を食料にした豚を食べるのでらい病が伝染するとも記載されており、当時の豚食、豚飼育への本土日本人たちの怪訝《けげん》なまなざしがうかがえる。

県、政府からみた豚飼育施設

石製布積・石屋根型の豚便所についてさらに詳細がわかる史料が、一九〇五年の『県令《けんれい》第三十号（明治三八年五月廿五日）』「第十類　衛生　第四章　衛生諸規定」の中にみられる。この規定の文言には衛生への配慮が謳われており、「養豚場」つまり豚飼育施設と道路、井戸との距離を二間以上取ることが指示される。そして都市部に限定した規定として、図を示して（図4‐8‐2）「養豚場」つまり豚飼育施設の模範を示し堅牢なものとすること、「糞汁溜」つまり塵溜部は周囲に石を積み継ぎ目を漆喰《しっくい》やセメントで埋めた上、縁石《えんせき》を設けて臭いが漏れないよう蓋をすること、便所と兼用するものは外から見えないように石や板、編竹《あみだけ》などで目隠しをすること、完成したら所轄警察官署の検査を受けること、四月から十月までは豚飼育施設に日覆《ひおおい》をすること、が指示されている（沖縄マイクロセンター一九九四）。第六条の「日覆」は、石製布積・石屋根型によくみられる、屋根を追加した例を指しているのだろう。四

〜十月とあることから、強い日差し、梅雨や台風の風雨を避ける目的だったことがうかがえる。

第四条第一項にある「別紙雛形」（図4―8―2）はまさしく石製布積・石屋根型そのものである。図の奥側の黒く塗り潰された部分はアーチ型の屋根の正面形を表しているのであろう。全体の規格は書かれていないが、床面の傾斜や小屋部の横幅は詳しい数字を示しており、実例によくみられる規格に近い。とくに床面は口うるさく、石敷にして漆喰で隙間を埋めるよう指示している。そうしなければならない理由は明記されないが、床に石を敷き詰めるのは餌として不適なミミズを食べてしまうことを防ぐ意味があったという民俗誌もあり（上江洲一九八二）、様々な目的があったのだろう。

こうした県令が存在するということは、県が豚便所を容認し指導していたことを示している。そして典型的な豚便所の類型である石製布積・石屋根型が一九〇五年に存在したことを教えてくれる点でも重要である。上述の『沖縄風俗図絵』（一八九七年）にもこのタイプの豚飼育施設の絵図が掲載されているが、はっきりそれとわかる本資料の価値は高い。ただ残念なことに、この令達《れいたつ》は明治二十一（一八八八）年八月に出された養豚規則を改正したものなのである。改正前にはどのような豚小屋の記載があったのか興味は尽きないが、太平洋戦争の戦火により多くの令達は失われてしまっている。

さて、この令達が推奨する石製布積・石屋根型の豚小屋は、県主導で作り出されたのであろうか。それとも既存の豚小屋の中から県が選択して推奨したのであろうか。この史料だけではわからないが、少なくとも強制力を持った規則ができたことで、石製布積・石屋根型豚便所の都市部での普及は進んだと考えられるだろう。

一方で、この令達が適用されなかった農村部では石製野面積も作られ続けた可能性がある。沖縄島の西に浮かぶ久米島にも石製布積・石屋根型豚便所は分布するが、地表より二、三尺の深さの四角い穴を掘り未加工の石を積み上げた壊れやすい豚飼育施設が中心だったという（仲原一九九〇）。

また県が推奨するとおりに作らせることで、衛生面を向上させる目的をうかがうことができる。都市部に限られた規定であるということは、都市部での豚小屋の衛生問題はこの時期には発生していた可能性があるといえよう。実際に、日本の農商務省は琉球諸島の豚飼育施設を批判していた。『第四次獣疫調査報告書』（一九一一年）では「豚疫《とんえき》蔓延ノ原因」として豚飼育施設の構造が指摘され、「下等」のサンゴ石を用いた石積であり凹凸が多く、中には小石を集めて固めた壁や床のものもあるとする。戸口はなく、奥行五〜六尺

（一五〇〜一八〇センチ）、横幅は四尺（一二〇センチ）程度の箱形で、後方には板石で屋根を作り、前には便器が置かれる豚便所であるとしている。前面には高さ二尺（約六〇センチ）の石段があるとするが、これは豚を入れる小屋部の前面の壁のことであろう。また壁を隔てて横に連結させたものもあるとしている。それぞれの小屋部を貫いて豚便所の外まで排水口が伸び、「汚物溜」すなわり塵溜部に繋がるとしている（農商務省農務局一九一一）。全体としては石製布積・石屋根型を描写しているが、小石を積み上げた壁という記載は石製野面積を指しているとも考えられ、この史料からも二〇世紀初頭には使用していたことがうかがえる。

豚の変化と豚飼育施設の変化

さて二〇世紀に入ると、豚と豚飼育施設に変化が現れたことが史料からうかがえる。『通俗豚飼育法：附・沖縄県の養豚』（一九二四年）には、『県令第三十号』とほぼ同じ豚便所の平面図と説明文が掲載されている（図4−8−3）。規格は「七尺間口四尺二寸」、周壁の高さは床面より二尺二寸とあり、実物の石製布積・石屋根型と近い。後方には広さ三尺位の石を使った「カブヒ」という屋根の代用があり、上面は漆喰塗りで、この下で豚は雨露《うろ》を避け寝所とするが、他は開放しているという。アーチ型の屋根を指しているのだろう。日差しも雨風も入って非衛生的なので、近来は茅葺《かやぶき》の屋根を作るものや、夏は糸瓜《へちま》、苦瓜《にがうり》、夕顔棚等を設けて日蔭を作るものがあるという（賀島一九二四）。先の令達にも「日覆」の記述があるが、具体的な様子がわかる。

そして注目すべきは「改良豚」の記述があり、この豚にとっては今までの豚飼育施設は狭く、改良しつつあるとしている。狭い豚小屋では豚が運動不足になる問題点も指摘しており、一九世紀前半の記録にはみられた堆肥作りの記載がないことも併せ、豚飼育が変化しつつあることをうかがわせる。豚の大型化は洋種との交雑によって進み、戦前には在来種はすでにみられなくなっていたという報告もある（古堅一九三五）。この改良施設がどのようなものかは判然としないが、石製布積には大型規格のものは確認されないことから、このころからセメント製の豚飼育施設が登場し始めた可能性も考えられよう。ただし素材や構造の変化はあったものの、小屋部が大型になることはなく、壁が高くなることもなかったようだ。

また本書には「迷信その他」として豚にまつわる様々な習俗が記載され興味深い。夜遅く帰宅したら豚舎に行き豚を起こす、マブイを落としたら（驚くなどして魂〈マブイ〉が抜け落ちてしまったら）豚舎でマブイ込めを行う、シマクサラシ（動物の供犠儀礼）において豚を用いる、といったよく知られた内容のものとともに、豚が様々な症状に効果がある、新しく豚を買ったら豚舎に入れる前に掃除し火をともして「先の主」を追い出す儀礼を行う、着物を新調したら豚に見せる、男子が一七歳になったら豚一頭を屠《ほふ》り神前に供する、嫁を貰いに行く時は畜舎を見てから貰う、といった事例も紹介されている（賀島一九二四）。とくに最後の事例は、豚の飼育を担っていたのが女性たちであり、豚の様子が女性の力量を測る物差しになっていたことをうかがわせる。『通俗豚飼育法』にはどの地域の習俗なのかが記載されていないが、今帰仁村与那嶺《なきじんそんよなみね》では豚を大きく太らせるのはその家の主婦の誇りとされたという（萩原一九九一）。

西表島網取村跡

近代期を過ごした多くの年配者は、どこでも豚を飼っていたと答えて下さる。かつては放し飼いも行われたようだが、遅くとも近世琉球期末には豚飼育施設が登場し、様々な形状、規格が工夫されてきたことは様々な資料からうかがえる。では多様な豚飼育施設は、次々と新しいものに交替していったのだろうか、それとも共存しながら使われていたのであろうか。また先の『県令第三十号』には都市部の豚飼育施設が明記されていたが、集落での様子はどうだったのだろうか。

この疑問に答える調査例として、筆者たちが行った西表島網取村跡の豚小屋遺構群を紹介したい。西表島西部に営まれていた網取村は、一九七一年に廃村となり住民は主に石垣島へと移住した。一九七六年五月に東海大学海洋研究所西表分室（現・沖縄地域研究センター）が開設されたが、基本的な屋敷区画や屋敷林・サンゴ石垣等の景観は維持されている。住民による略地図（山田一九八六）、および米軍が一九四五年三月十三日に撮影した空中写真（安渓遊地・安渓貴子二〇一一）によれば、終末期の網取村にはおおむね二〇〜三〇軒の屋敷地が存在したことがうかがえる。これまでに東海大学の研究施設として利用されていた屋敷地を除外すると、おおむね一五軒の屋敷地が現在も良好な保存状態にあり、かつての戸数の過半数が残っているものと判断される。

網取村跡の豚飼育施設

筆者は二〇一三年夏に、東海大学文学部の学生たちとともに網取村跡全体で豚飼育施設の悉皆調査を行い、現存する一五軒の中に九基の豚小屋遺構を確認することができた（図4－9）。平均しておおむね二軒に一基以上の豚小屋が残存していたことになる。また小屋部が一槽のものと二槽のものが確認され、槽数の村全体での合計は一二槽となることから、単純な平均値では五軒に四槽、一戸一槽弱の計算となる。

また九基のうち六基が、村の中心を貫く道であるナカヌウダチに面した屋敷に分布する。

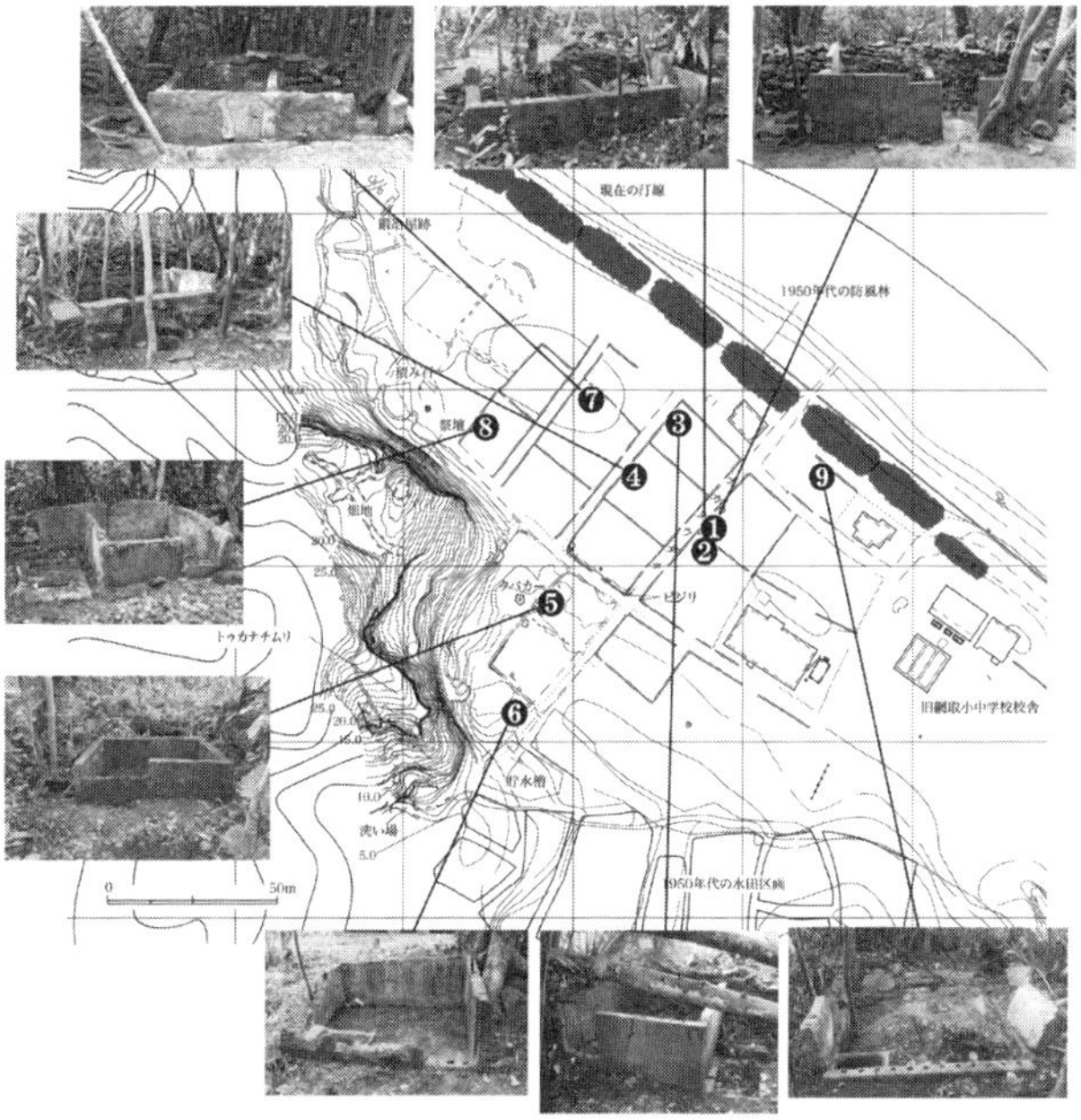

【石製布積・無蓋型】・・・❹
1 槽型。直方体に加工された石材を積み上げた 30cm 前後の厚手かつ低い壁を持つ。入口は設けない。餌箱は確認されない。塵溜場は右側に設けられる。

【セメント製・無蓋型①】・・・❶❷❼
2 槽型。壁は幅 15cm 前後で、緑色片岩の板材や、セメント、ブロックを積み上げ、隙間にセメントを塗布する。入口は正面壁の右側に、塵溜場は左側に設けられる。正面壁に沿って塵溜場に連結する排水溝が設けられる。

【セメント製・無蓋型②】・・・❸❺❻❽❾
1 槽型。壁は幅 15cm 前後で、セメントによる一体成型。塵溜場は左右いずれの配置もみられる。塵溜場との連結穴は設けられるが、排水溝は設けられないか、若干の浅い窪みが作られるのみ。壁の上面に多くの穴列が設けられる例が多い。

図 4 - 9　網取村跡の豚飼育施設

網取村の豚飼育はナカヌウダチに中心があったと判断される。また屋敷の入口や屋敷囲いが確認できる屋敷地に残るものは九基のうち六基だが、うち五基が屋敷地内の奥壁付近に配置される。集落全体の分布だけでなく、屋敷地内の配置にも共通性があることがうかがえよう。

これら九基ひとつひとつの細かな年代を特定することは難しいが、おおむね一つの村内で、七〇年代頭ごろまで使われていた豚小屋群ととらえてよいだろう。壁と床の特徴の組み合わせから大きく三種類に分けられる（図4－9）。

このうち、❹石製布積・無蓋型は一九世紀から沖縄島に分布する事例とほぼ同じである。網取村跡の事例がいつ作られたのか、年代はわからないが、三類型の中で最も古い特徴を備えていると解釈されよう。

またセメント製・無蓋型②は一九六六年銘が残される❻（図4－6－3）があることから、琉球諸島最末期の豚小屋であろう。中には施工業者銘が残された例もあり、集落内の人々で作られたのではなく外注であることがうかがえる。他の類型とは作り手が異なる可能性がある。

セメント製・無蓋型①は年代がよくわからないが、壁に石材を使用した例をみると、ブロックを使用した例と同じ幅に成形されている点は手がかりになる。おそらくブロックの幅を基準として利用可能な素材を応用したのであろう。そしてセメント製・無蓋型②も同じく壁の幅が一五センチ前後であることから、セメント製・無蓋型①がより簡素化され、素材をセメントに統一したのがセメント製・無蓋型②だと考えられる。なおセメント製・無蓋型②に分類した❽（図4－6－2）は石材も用いていることから、両者の中間型と考えられる。

網取村跡の豚小屋は、石製布積・無蓋型→セメント製・無蓋型①→セメント製・無蓋型②の順に作られていったのであろう。大型石材を積み上げた重厚な構造から、扁平な板石材や大量生産される工業製品である小型・軽量のブロックを積み上げた構造へと変化したのであろう。変化の方向性は維持され、最終的には業者に外注する簡素・小型なものへと変化した。そしてこれら新旧の型式が入り混じりながら、廃村まで使われていたのであろう。

展開と系統

以上の年代、および型式学的連続性を踏まえて、琉球諸島の豚飼育施設の登場と系統を整理する（図4－10）。

一九世紀までさかのぼる可能性が高いのは、石製野面積・無蓋型と、石製布積・石屋根型の二種である。どちらが古いかは現時点でははっきりしないが、より高度で洗練されているのは後者であり、後出の可能性は高いだろう。ただ『南島探検』（一八九三年）の記載から、両者は同時期に併存していたことがうかがえる。また池間島の例にみるように、野面積・無蓋型は戦後まで使われていたようだ。

石製布積・無蓋型の年代ははっきりしないが、平面形や小屋部の構造が石製布積・石屋根型と一致することから、両者に大きな年代差があるとはしづらい。また野面積・無蓋型の中には、安富祖古島遺跡の例のように石製布積・無蓋型と似た形態を取るものもみられるが、両者の中間型と位置付けられるのかは今後の課題である。

セメント製・セメント屋根型とセメント製・無蓋型①は、それぞれ石製布積・石屋根型と石製布積・無蓋型の素材を置き換えたものと考えられ、より後代のものだろう。琉球諸島では大正期にはコンクリート建築物が導入されており（名護博物館二〇〇二）、戦前までさかのぼる例があっても不思議はない。なおセメント製・無蓋型②は網取村跡にて一九六六年に建てられた例を確認している（図4－6－3）。

こうした変遷は、小屋部を衛生に保つための方法を追究し、またおそらくは豚の変化に対応しながら新しい素材を工夫する動きであったことがうかがえる。一方で石製布積・石

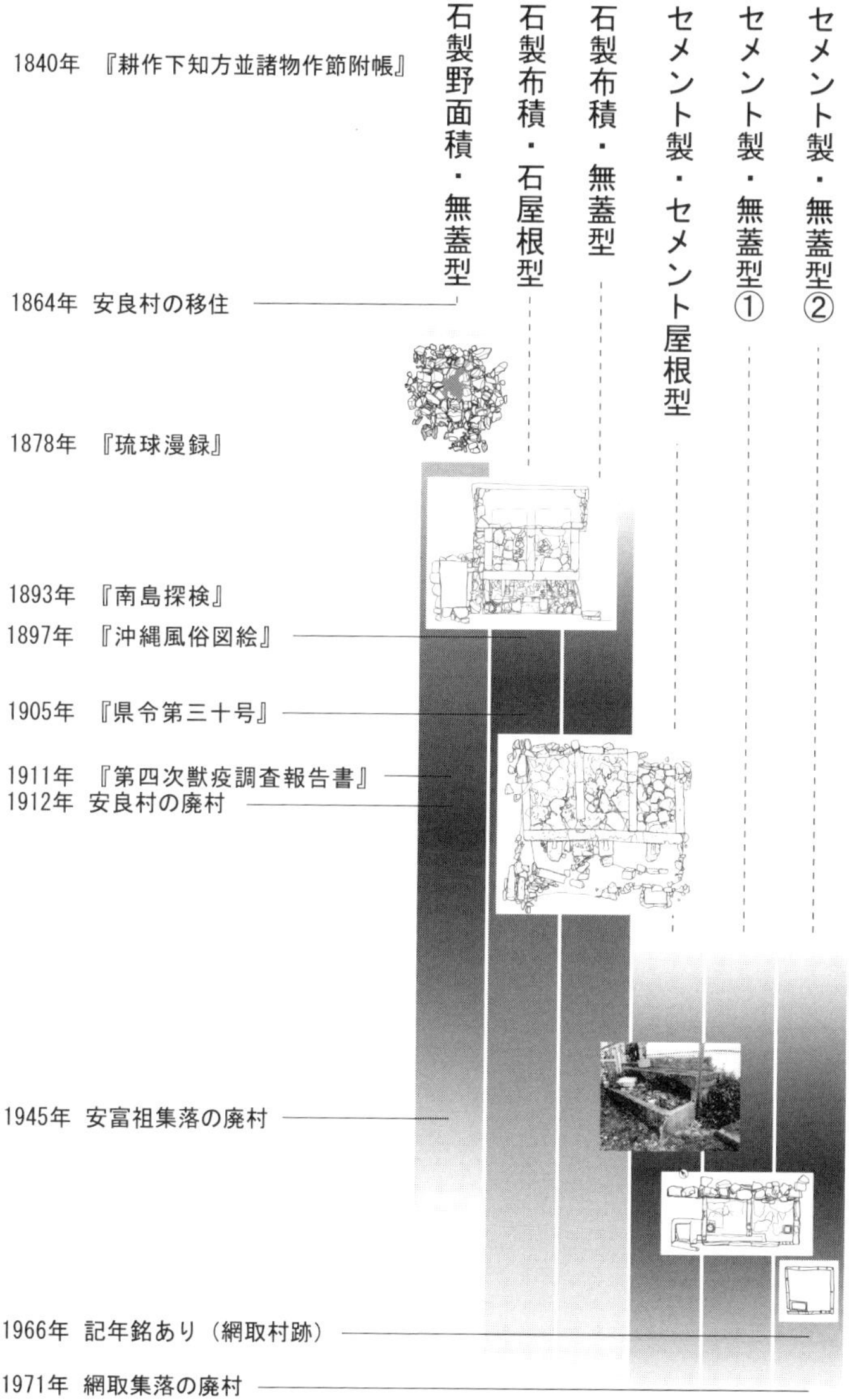

図４-10　豚飼育施設の変遷

屋根型にみられた高い装飾性は後世には失われ、無機質で質素な姿に変化していく。

なお本書で大別した六種の間にも一定の共通性が認められる。たとえばセメント製・無蓋型②と石製布積・石屋根型と無蓋型は、小屋部と塵溜部を連結する排水溝を共通して持っている。時期も素材も異なり、一見して遠い関係ではあるものの、豚飼育施設に求められた機能は通じるものがあり、それが共通点として認められる原因であろう。豚を閉じ込め、人糞処理と肥料作りを行うという機能面ではほぼ共通していたことが背景になっていると考えられる。

聞取調査にみる豚飼育施設と豚飼育

豚飼育施設の調査をする上で、所有者や近隣住民の方々への聞き取り調査は多くを教えてくれる。筆者は豚飼育施設の調査と並行して往時を知る方々の証言を収集してきた。回答いただいた内容を以下の項目に整理し分析してみよう（図4－11）。

- ・豚飼育施設の具体的状況
- ・豚を飼育した動機
- ・豚に与えた餌（人糞を食わせたかどうか）
- ・豚の個人飼育を辞めた、あるいは続けた時期と理由

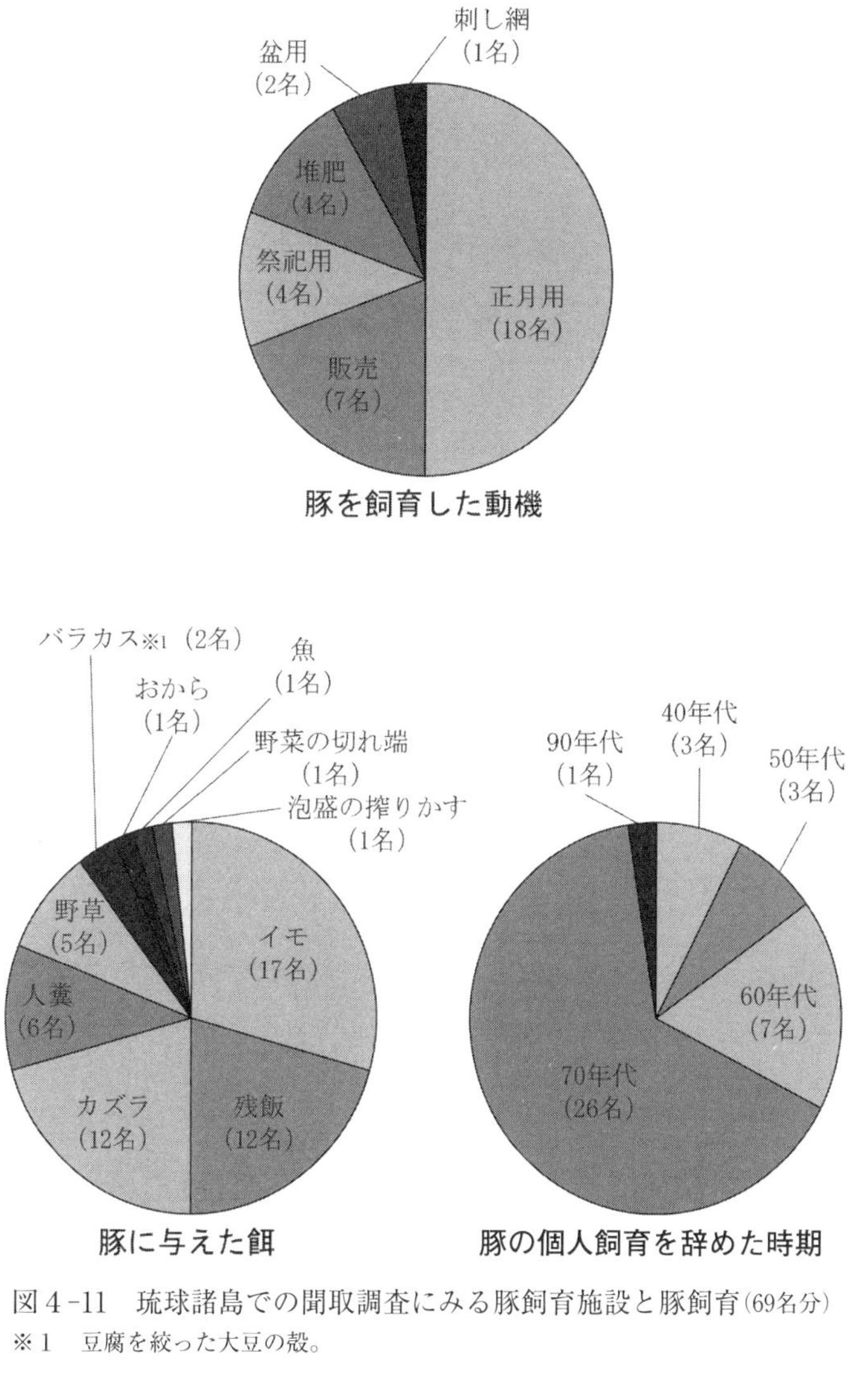

図4-11　琉球諸島での聞取調査にみる豚飼育施設と豚飼育（69名分）

※1　豆腐を絞った大豆の殻。

「豚飼育施設の具体的状況」については様々な証言が得られているが、証言者の年齢からみておおむね戦後の豚小屋に関するものと考えられる。素材には、昔は石、後にセメントやブロックが使用されたという。波照間島《はてるまじま》での証言によれば、改善委員会の活動でセメント製に建て替えたという（女性　大正生まれ）。屋根は茅葺か露天《ろてん》だったが、露天の方が清潔という証言が得られており、先に取り上げた農商務省による一九一一年の報告書や一九二四年の飼育法とは逆の見解で興味深い。便所機能がない豚飼育施設でも便所は近くに設けられるという証言も得られ、豚と便所の結びつきの強さをうかがわせる。

豚を飼育した動機は、圧倒的に正月用という回答が多かった。祭祀や盆のためという回答と合わせ、ハレの食材としての豚肉の位置づけがうかがえる。前述した『大島筆記』（一七六二年）にもあるように、近世琉球期には既に存在した伝統と考えられる。また豚の血を刺し網に塗り込んで丈夫にするという証言を久高島で得ている。いつまでさかのぼるかは不明だが、漁業が行われる集落ではこうした利用法も多く行われたであろう。

一方で販売のためという証言もあり、これは近代以降と考えられる。また近世琉球期からの伝統である堆肥生産は必ずしも多く得られた証言ではなかったが、堆肥のために豚を飼うようなものだったという証言（屋我地島《やがじ》）もあり、一部では継続されていたようだ。

豚の餌は、残飯、芋《いも》の蔓《つる》、野草を蒸《ふ》かして与えたとする証言が共通してみられるが、地域色もあり、那覇市末吉町《すえよしちょう》など泡盛《あわもり》生産が盛んな所では副産物である搾《しぼ》りかすも使われていたと証言されている。そして一九四〇年代までは人糞を与える例もあったようだ。中でも戦後の物資不足の折には人糞しか食わせるものが無かったという証言は、戦後の状況下で伝統的方法が存続、あるいは復活したことを示しており興味深い。

そして豚の個人飼育は戦後減少していったことも証言からうかがえる。六〇年代までは漸減だったが、七〇年代に急減し、その後はほとんど行われなかったようだ。

理由として、本土復帰に伴い保健所がうるさくなったという証言は広く聞かれたが、道路が通って別の収入が得られたため（沖縄島国頭村安田《くにがみそんあだ》）、観光地化されたため（竹富島）といった経済的理由もあったようだ。中には臭いと衛生が問題となった（沖縄島国頭村安田、小浜島）という証言もある。豚飼育が広がった近世琉球期からあふれていたはずの豚の臭いが、この時期に気になりだしたという点は興味深い。社会変化を背景として人々の認知にも変化が生じた可能性を考えなくてはならないだろう。

聖地としての豚小屋

筆者が小浜島《こはまじま》で得た証言には、豚飼育施設が聖地として位置づけられていたことをうかがわせるものがあった。「神高い」施設なので壊した跡には何も立てず、木を植える家があるというのである。

また前述した『通俗豚飼育法』には豚飼育施設でマブイ込めを行う例が紹介され、特別な場であったことがうかがえる。このマブイ込めの他に、首里、那覇、中頭地方では豚飼育施設での「風呂神」すなわちフール神への祈りの儀礼が、屋敷の祓いとして行われたという（佐喜真一九八二）。

豚の霊力と身代わり豚

豚飼育施設には屋敷神がいると考えられたのである。

豚飼育施設が神様のいる聖地とみなされたのは、便所でもあったこと、実りをもたらす肥料を作り出したこと、そして豚自体が高い霊力を持っているとみなされたことと無関係ではないだろう。前述した『通俗豚飼育法』

には、夜遅く帰宅したら豚舎に行き豚を起こすという事例が紹介されていたが、これは豚の鳴き声が魔を祓うと考えられたためらしい。筆者の聞き取り調査でも、豚を鳴かせる証言が得られている。

また前述のとおり、筆者らが発掘した石垣島安良村跡の豚便所跡では豚の寛骨と下顎骨が出土しており（図4－1－1）、これも豚の霊力で豚を守ろうとした表れと考えられる。

豚が特別な食として高い価値を持っていたことを背景に、独特の鳴き声やイノシシ由来の鋭い牙などの特徴も合わさって、豚に霊力があるという観念が発達したのであろう。

ただ豚の霊力は人間のためになるばかりではないらしく、豚が妖怪となり、人間にあだなす伝承も各地に伝わっている。今帰仁村運天《なきじんそんうんてん》の民話には、木の枝がこすれ合うジージーという音を立てながら若い未婚の男を襲う「ジージーゥワーグヮー」が登場する。これに股をくぐられると、男性器が無くなってしまうという（今帰仁村教育委員会二〇一二）。

なお『通俗豚飼育法』には豚を殺して神に供える供犠儀礼も紹介されており、類例が琉球諸島各地に伝わっている。供犠儀礼は、豚が持つ霊力を用いるものだという理解も不可能ではないだろう。ただ中には人間の身代わりとして豚を用いるという、異なる文脈で行われる例もみられる。たとえば「喫煙」の章で前述したワーガンニガイは、池間島の神願いの中で最も盛大で重要とされており（野口一九七二）、重病から治りかけたころに命代わりに豚を殺すンヌッタイニガイなど、身代わりとしての豚の位置づけをうかがわせるものがある。

豚は残飯を食べるように、消化器系の内臓が人間とよく似ているとされる。豚を人としてまなざす観念は世界各地にみられるが、こうした身代わり事例は琉球諸島にも同じような観念が存在したことをうかがわせる。人間に化ける豚の伝承もその表れかもしれない。豚は男に化けると若い女を手籠めにしようとし、女に化けると男をたぶらかして金を取る（田畑一九七八）。筆者の調査はまだ及んでいないが、おそらく琉球だけの伝承ではないだろう。『西遊記』の猪悟能《ちょごのう》（猪八戒）も女癖が悪く、人に化ける力を持っていた。こうした儀礼や伝承が近世琉球期以前まで確実にさかのぼるかどうかは検討の余地を残しているものの、後述する奄美諸島では一九世紀中ごろの身代わり豚の事例が記録されている。

なお葬式の場で肉食が行われるのも琉球諸島の特徴の一つとされるが、これは食屍肉の習慣に由来しており、豚肉は人肉の代わりだとするという伝承が各地に残るという（萩原二〇〇九）。なかなか刺激的なテーマではあるが、確証は得られていない。ちなみに琉球諸島はアルカリ土壌のため古人骨が多数出土するが、少なくとも考古学、人類学の調査研究では食人習慣の確実な証拠がみつかっていないことは付け加えておこう。

周辺地域の豚飼育施設

琉球諸島では豚飼育が普及していたが、九州島以北の日本国の領域内では家庭内豚飼育の伝統は無かったとされる。では前近代に豚飼育の伝統があった地域はどこまでになるのかが問題となるが、奄美諸島の北に隣接する十島《としま》は「四つ足は忌み嫌って食べなかった」（名瀬市誌編纂委員会一九九六）とされる。一方、日本国の領域外に眼を向ければ、韓国、中国、東南アジア、南アジアまで広く豚飼育が分布することが知られている（平川二〇〇〇）。

本書では琉球諸島の隣接地である奄美諸島（図4－12）と、韓国済州島《チェジュとう》の事例を取り上げ、琉球諸島の豚飼育施設との比較を試みることとする。

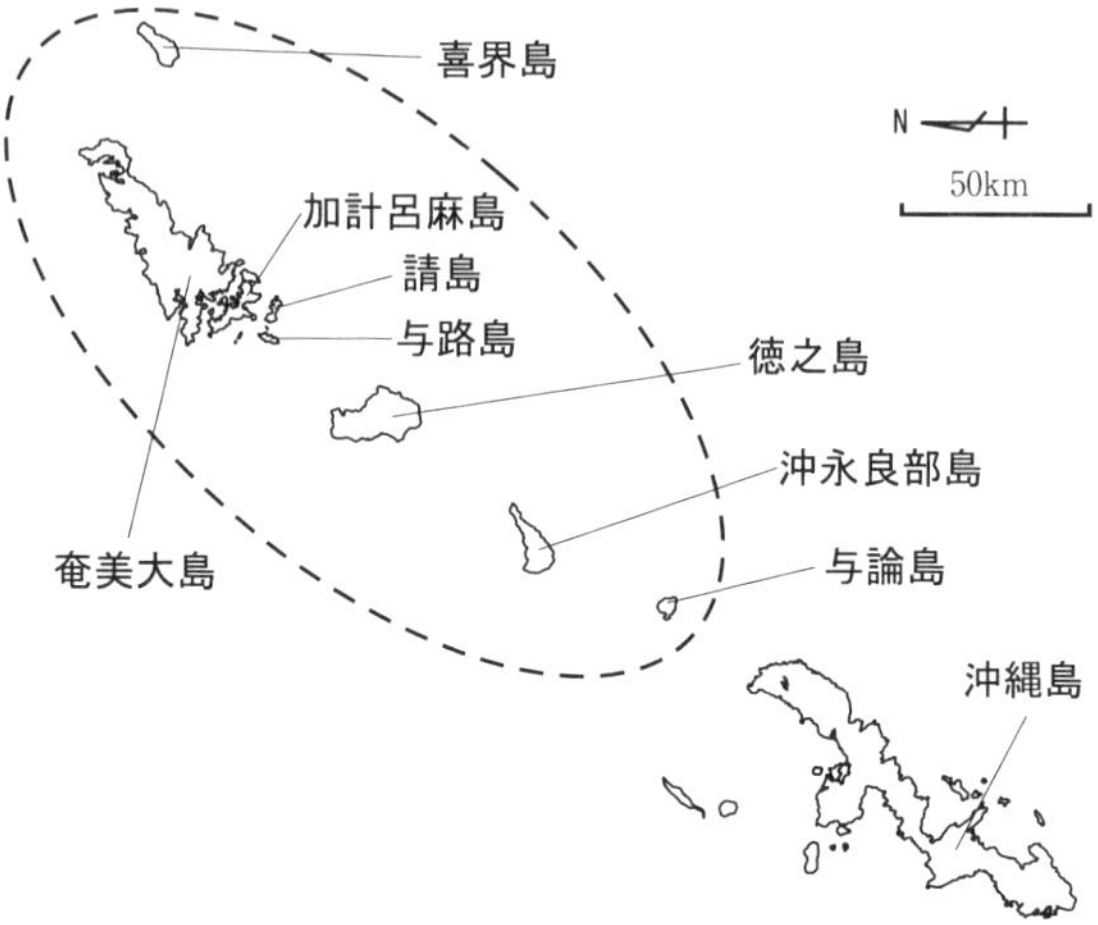

図4－12　奄美諸島と本書で扱う島々

奄美大島の事例

筆者が踏査した限り、奄美諸島には往時の姿をうかがえる豚飼育施設はほとんど残されていないようだ。比較的詳細のわかる実例として、瀬戸《せと》内町《うちちょう》管鈍《くだどん》の眞島家が挙げられる（図4－13－1）。これは奄美市博物館に移築し屋外展示されている民家で、豚飼育施設も含まれている。屋外の展示キャプションには屋敷内の家屋配置図と説明が書かれており、「瀬戸内町管鈍に残っていた眞島家の民家（主屋、座敷である「オモテ」のみ）を移築、一部を学習活動のためにアレンジし、復元したもの」とされる。

豚飼育施設は、西向きに設けられた門から入って左奥、母屋《おもや》からもっとも遠い北東

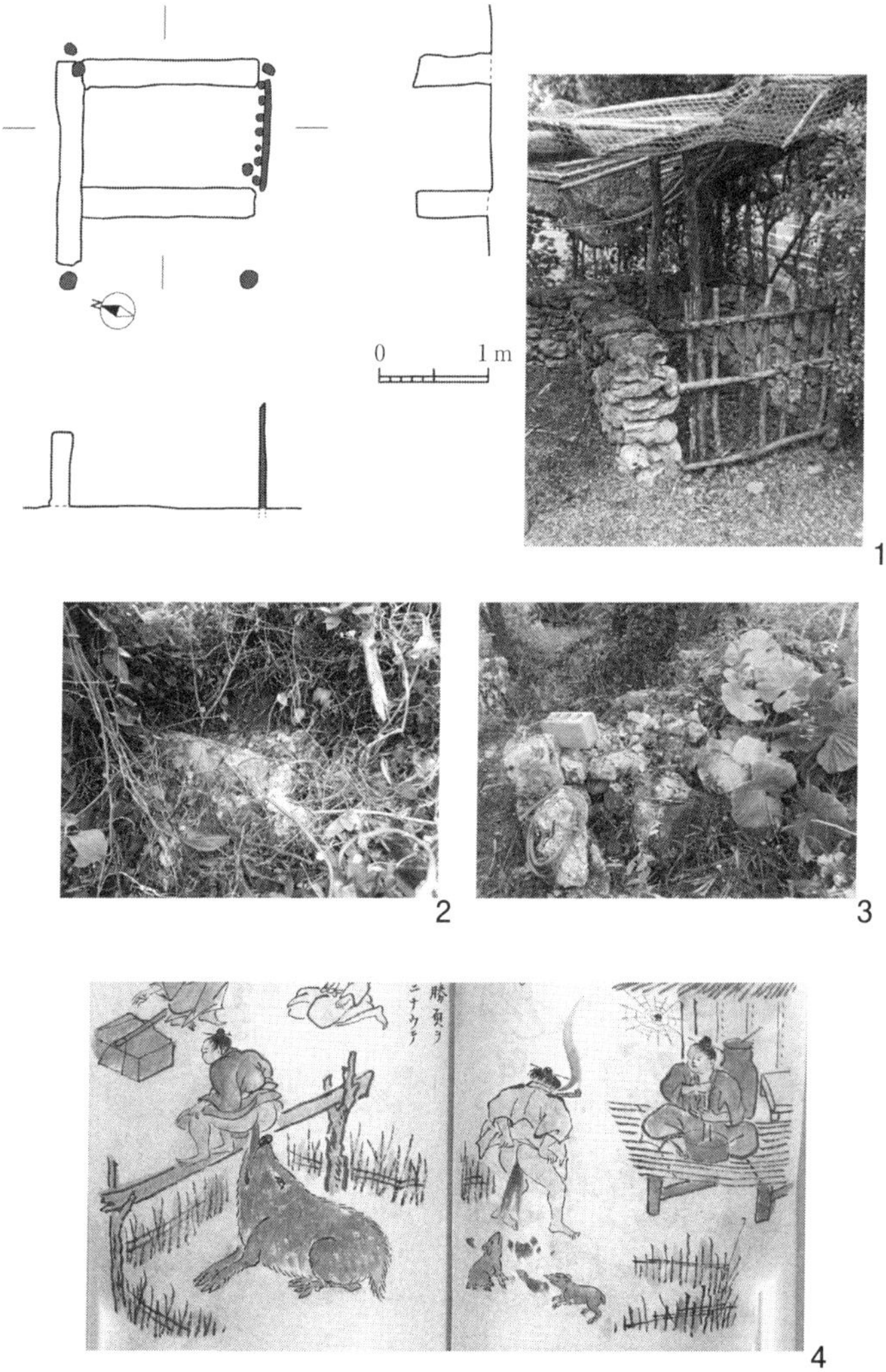

図４-13　奄美諸島の豚飼育施設と絵図資料

1．奄美大島（眞島家）　2，3．徳之島

4．『南島雑話』（奄美市立奄美博物館所蔵）

角に位置する。展示解説板では「家畜小屋」とのみ表記されるが、大きさから豚飼育施設であろう。南北方向に細長い長方形一槽の小屋部のみで、奥行約二〇〇㌢、幅約一四〇㌢、高さ約六〇㌢を測る。壁はコの字型の平面形をしており、平坦なサンゴ石灰岩の野面積で、セメントは用いられない。壁の無い南側に戸を立てて入口とする。床は平坦で地山《じやま》のままになっており、石やセメントを敷く等の加工はなされていない。また屋根があり、木柱を立てて小屋部全体にかけている。

徳之島の事例

このほか、徳之島《とくのしま》の南西部で筆者は三例を確認した。全形をうかがうことができる事例（図4－13－2）では、石灰岩の石積でコの字の壁を築き、左右の壁の内側にセメントを分厚く塗布している。正面には地面より若干高い石積がみられるが、柵等はみられず、また柵の柱穴等も確認できなかった。小屋部は横長長方形だが、仕切りも、餌箱や水入れ、排水溝もみられず、周囲に塵溜場も確認されない。

徳之島の他の事例（図4－13－3）では屋敷の北西角に壁を築いて囲いとしたものがあった。南壁はセメント製の一枚板、東壁は石積にセメントを塗布している。入口は設けられない。やはり内部に餌箱や水入れ、排水溝はみられず、周囲に塵溜場も確認されなかった。

近世奄美の豚便所？と放し飼い

前述した蔡温の『独物語』の記載から、奄美諸島では一八世紀前半には豚が飼われており、首里那覇へ供給していたことはうかがえるが、飼育方法に関する記載はみられない。一九世紀に入ると、名越左源太《なごやさげんた》による『南島雑話』（一八五〇〜五五年）に詳しい記録が残されている（図4－13－4）。「第七十九図」（図4－13－4の右側）は子豚に向けて用をたしている様子が、「第八十図」（図4－13－4の左側）は成獣の豚に向けて用をたしている様子が描かれている。いずれも便座はなく、「第八十図」では高い所に渡された不安定な横木にしゃがんで用を足している。

またいずれも柵で囲われた木製の豚小屋らしきものが描かれているが、豚を閉じ込めて逃がさない意図があるとは考えにくい簡便なつくりである。屋根は描かれず、有無は不明である。便所の囲い、あるいは日中は放し飼いの豚が給飼《きゅうじ》や夜や雨の時だけ入る簡易な小屋なのであろうか。いずれにせよ琉球諸島で確認される石製の豚便所とは大きく異なる。なお『南島雑話』には人糞を犬にも与えていた記録があり（名越二〇〇七a）、子供たちは便所を使わず、用をたす時には犬を呼ぶという。犬は放し飼いであろう。豚はどうだったのだろうか。

『南島雑話』の記録では、豚は家ごとに五〜一〇匹を飼育し、中には三、四十頭もの豚をまとめて飼う者がおり、購入した「洗溜」（残飯？）で養うという。また正月料理として豚を屠殺し、去勢する仕事もあったとされる。飼育方法は最近になって琉球から伝わったとされ、事実ならばこの記述は同時期の琉球諸島の豚飼育にも当てはめることができるとも考えられよう。一方で、それ以前に奄美地域で行われていた豚飼育はどういったものなのか気になるところである。

また琉球諸島でもみられた、紐でつなぐ飼育法が行われていたという記録もある。幕末の奄美大島の情景を描いた『琉球嶌真景《りゅうきゅうとうしんけい》』には、耳に紐をつながれた毛むくじゃらの種豚が描かれている。ただここで描かれた情景には桶の水をかける人物も描かれており、種豚が種付けのため移動している様子と考えられるため、日常的にこうしていた飼い方が行われていたことを証明するものではない。ただ喜瀬豚《きせぶた》で知られる奄美大島の喜瀬集落ではその紐を豚舎の屋根の梁《はり》に結わえて飼っていたとされ、より北方のトカラ諸島のトカラ豚でもつなぐ飼い方が行われていたらしい（黒澤二〇一七）。紐でつなぎとめる飼育法は、近世の奄美で行われていたのだろうか。

近代奄美の豚飼育施設

奄美大島古仁屋《こにや》（現・瀬戸内町）では、豚飼育施設は庭先の畑にあり、砂《さ》糖黍《とうきび》の枯葉やスクブ（籾殻）を中に入れて清潔に暖かくしたという記録がある（登山二〇〇〇）。また与論島《よろんじま》では、「住居から少し離れた後の方に、石垣を積みまわして、簡単に屋根をかぶせる」「石垣囲みの一ヵ所に「プルミ」（穴）を造って、人間の便所を兼ね、豚は人間の排泄物を食べるという風習が昭和初期まで残っていた」という（榮一九六四）。これらの記録には、残念ながら豚飼育施設の形状までは触れられていない。また閉じ込めておくものなのか、夜だけ入るものなのかもよくわからない。

放し飼いであっても豚飼育施設をともなう例はある。近代の沖永良部島《おきのえらぶじま》の記録では、台所の後方北側の一隅には石垣で区切り茅で屋根を葺いた「マキ」があり、豚は夕方になると帰って来てマキやマキの傍で寝ていたという。のちに放し飼いの禁止令が出たが、明治十五（一八八二）年ごろまで続いたようだ（知名町誌編纂委員会一九八二）。なお禁止令としては、『明治十一年五月人民へ諭達ケ条』（一八七八年）が残されており、豚が放し飼いをされ人糞を食わせていることを批判し、今後は宅地内に「草葺小屋」を建て囲いを作ってその中で飼い「外に一寸も出すべからず」としている。また食物はサツマイモの切れ端か菜草などを与え、人糞は食べさせないことも指導している（和泊町公民館編一九五六）。

しかしどの程度徹底されたかは不明である。昭和十五（一九四〇）年刊行の『沖永良部島昔話』（岩倉一九四〇）に収録される「蛇聟入」にも石垣のあるマキや石マキが登場していることから、近代期の沖永良部島には石製の豚飼育施設が存在していたことがうかがえる。ただ終日閉じ込めるものではなかったようだ。大島や与論島の例はどちらだったのだろうか。

近代奄美の豚飼育法

登山修氏は奄美大島古仁屋（現・瀬戸内町）のかつての豚飼育の様子として、豚の餌を入れる容器には田植えの際に足の届かない深い田圃《たんぼ》で乗るトーネィ（田舟）を転用したゥワントーネィ（豚の田舟）が用いられたこと、町では餌として、甘藷《かんしょ》の皮や屑芋、野菜の切れ端、鍋の洗い汁等、やや成長すると甘藷のカラ（茎葉）に市場で買ってきた魚の骨や頭、臓物等を入れて、味噌で味付けしたものを与えたこと、正月の二、三日前に潰《つぶ》し、大部分は塩漬けにして保存し旧暦三月の製糖時期まで残したこと、種豚がおり交配のため鞭《むち》で誘導して移動したこと、雄は肉用のため種豚以外は子豚の時に和剃刀《わかみそり》で去勢したこと、各家庭では子豚を商人から購入して正月用に飼育したこと等を記録している（登山二〇〇〇）。また正月前の屠殺は、村の下の浜辺で一斉に行われたことも記録されている（登山一九九六）。なお豚に人糞を食わせる風習は明治末まで残っていたという記録もある（恵原一九七三）。

豚は自家消費の食料以外の意味合いもあったようだ。徳之島伊仙町《いせんちょう》の民謡「うわぁぐぁてぃんぐぁ」では「豚子ぐぁ　売てぃ　儲けぃた　一〇円金」と豚を育てて販売する内容が唄われる（伊仙町企画課二〇〇九）。

奄美の豚儀礼

徳之島では神への供え物として豚肉が用いられ、四足動物の肉は霊力が強いと考えられてきたという報告がある（徳富一九九三）。豚の霊力が高いとする観念は琉球諸島と通じる。なお奄美諸島にも豚の妖怪の伝承があり、奄美大島では耳の無い豚が、喜界島では首の無い豚が登場し、これに股をくぐられると、不能になったり、命を落としたりしてしまう（田畑一九七八）。琉球諸島の事例と似た部分があることがわかる。

また奄美大島や加計呂間島《かけろまじま》、喜界島《きかいじま》では共食した動物の骨を集落の入口に吊るすなどの儀礼が行われ、牛が多いが豚も用いられるという。琉球諸島のシマクサラシと類似性があるとされる（萩原二〇〇九）。前述した『南島雑話』には、たたりを祓うための供犠儀礼が記録されている（名越二〇〇七b）。

こうした儀礼には、豚の霊力観念と共に、人の身代わりとしての豚観念もあると考えられる。『南島雑話』には、ユタと呼ばれる女性の祈禱師が豚を犠牲にした治療を行っていたと記録される。病人の身代わりとして豚を殺し、半分はユタに渡し、一家親戚を呼んで振る舞うと、病気が治るというのである（名越二〇〇七ａ）。沖永良部島で行われていたワートートートー（豚の祈願）も豚を病人の身代わりに供犠する儀礼である（萩原二〇〇九）。なお沖永良部島には、貧乏人に冷たい長者を太陽神が豚に変え、人間が病気になったら殺して身代わりにせよと告げる昔話が伝わる。別話ではこの長者は欲深さを恨まれて皆に叩かれて豚になったとされる（岩倉一九四〇）。また奄美地域にもダビワー（葬式豚）の習慣があり（萩原二〇〇九）、琉球諸島と通じる観念が認められる。

聞取調査にみる豚小屋と豚飼育

筆者はこれまでに、奄美大島、徳之島、沖永良部島で豚飼育施設の調査とともに聞き取り調査を実施してきた（図4－14）。証言者の年齢から、おおむね戦後の状況に関するものと考えられよう。

家庭内で子豚を肥育する際の豚飼育施設は、木製だったとする証言が多く得られた。琉球諸島のように壁を石積やセメントで作るという証言は得られなかった。奄美市博物館の事例のように、床を砂地にすることで堆肥を作ったとする証言があったが、床にセメントを張るという証言もあり、実際に集落内を散策していると二～三メートル四方のセメントを張った床面をみることができる。

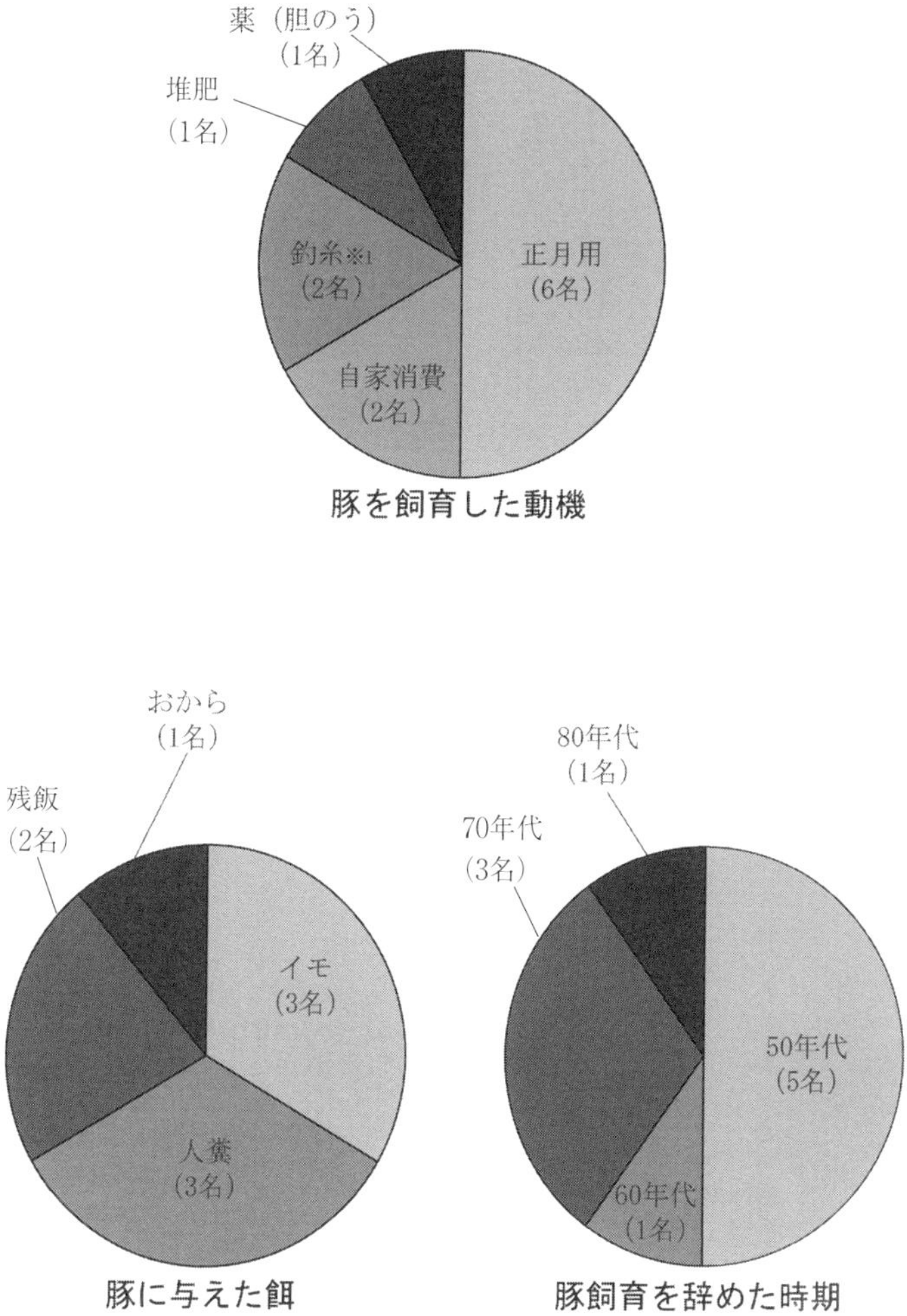

図4-14　奄美諸島での聞取調査にみる豚飼育施設と豚飼育（16名分）
※1　血を腐らせてから絹糸に雑巾で塗り込み、釣糸を丈夫にする。

素材や形態だけでなく、精神的位置づけも異なるようだ。琉球諸島のように豚飼育施設を誇る例は奄美諸島では確認できず、また神がいるという伝承も今のところ見当たらない。

一方で、豚の飼育法、屠殺法、消費の日時、豚小屋での堆肥生産を比較すると、琉球諸島と大きな違いはみられない。豚は正月用、家庭内消費用に飼育され、塩漬け肉にして保存し、供応にも用いられた。食用のほかにも、豚の血を漁具に用いる、豚の膀胱《ぼうこう》をボールにして子供の遊び道具にするという証言も得られている。また豚の飼育は女性、屠殺は男性が行うという性別分業、川や海で屠殺し血抜きをする点などは琉球諸島と共通する。奄美大島宇検村《うけんそん》では、ヤギを新正月、豚を旧正月に消費するという動物種の違いを行事に反映した証言もあり興味深い。ただし堆肥生産はしていたという証言よりしていなかったという証言の方が多かった。戦後は積極的には行われなかったのであろうか。あるいは琉球諸島とは地域差があるのだろうか。

豚の餌には残飯のほか、イモ、おからが挙げられている。先に述べた通り、奄美大島古仁屋では丁寧に豚の餌を作った例も記録されている（登山二〇〇〇）が、町での事例とされており一般的だったかどうかはわからない。

豚に人糞を食わせる習慣は聞き取り調査では得られなかった。あえて証言しなかった可能性もあるが、現在の壮年層の記憶の範囲では人糞を食わせる習慣は消滅していたとも考えられる。理由はやはり衛生問題にあったと推察され、豚に人糞を食べさせると肉に水泡ができることがあり、保健所に届け出たという報告もある（長澤一九七四）。

そして家庭内の豚飼育は一九八〇年代までに消滅したようだ。前述の奄美大島と同じように、徳之島では専業者が登場したことが理由として証言されており、自家消費型の豚飼育の終焉を意味していると考えられよう。

なお奄美大島南部の集落とその南西に位置する請島《うけじま》、与路島《よろじま》で戦後の豚飼育について聞き取り調査を行ったところ、戦後の食糧難や戦災による豚の減少を受けて、請島の請阿室《うけあむろ》集落を中心に、請島内の池地《いけじ》集落と与路島で、大島への子豚の出荷が行われるようになったという。その結果、請島と与路島は豚の供給地となり、豚は自給自足のハレの食材から現金収入源となり、家庭内の豚飼育施設は大型化して専業的な豚舎となったという。一方で子豚を購入した大島側では戦前以来の家庭内消費型が継続し、屋敷地内の小規模な区画で豚の肥育が続けられたという。

しかし七〇年代に入ると、子豚を出荷してきた生産地では衛生面での配慮から屋敷地内での飼育が制限されるようになり、集落から離れた場所で集中的に飼育するよう指導がなされた。専業化して飼育が大規模となり、家庭生活に支障が出てきたということであろう。消費地でも家庭内の肥育は徐々に減少し、生産地と同じように集落から離れた場所に豚舎が築かれ、また集落内に肉屋が開かれるようになる。豚肉の確保が家庭内肥育型から家庭外肥育型や購入型に変化したことがうかがえる。

こうした生産・消費の変化は豚小屋にも影響し、子豚の生産地となった地域ではやがてセメントやブロックを用いた近代的な豚舎が作られるようになり、それまでの家庭内肥育型の豚小屋に代わられていったと考えられる。堆肥の生産は行われず、便所機能は無くなっている。

済州島の豚飼育施設

朝鮮半島でもかつては家庭内豚飼育が行われていた。とくに済州島の豚飼育は著名である。全京秀氏や萩原左人氏の研究によれば、済州島のトンシー、トットンシーと呼ばれる施設は便所の役割を果たすとともに、豚を飼い、堆肥を生産し、ゴミを処理する場所でもあると指摘している（全一九九七、萩原二〇〇〇）。

済州島では現在でも豚便所が保存されており、見学できる。屋敷の入口から最も遠い裏手に設けられ、地元産の火山性の石材を積み上げて小屋部の囲いを設ける。囲いの平面形

図 4 -15　済州島の豚飼育施設

1．済州石文化公園

2．城邑民俗マウル

が円形のもの（図4−15−1）と長方形のもの（図4−15−2）がみられ、琉球諸島の例と比べ大型で、最大で四《メートル》を超えるものもみられた。床には藁《わら》が厚く敷かれ、その下は土の床になっているらしい。

囲いの内部には豚が休むための石積の小屋、石製の餌入・水入、便所がある。便所は石積の囲いの上にあり、階段で上がる。便座は板石に穴が開いたもの（図4−15−1）や、長方形の石を複数ならべたもの（図4−15−2）があり、その隙間から用を足す。便座の穴は横向きの長方形が多いことから、用を足す時は豚のいる囲みに体の側面を向けることになる。琉球諸島では豚に背を向けて用を足すので、これは大きな差の一つであろう。また便座近くには長さ一《メートル》以上の木製の杖が置かれる例があり（図4−15−2）、男性が用を足す時に性器をかじられないよう豚を叩いて近づけないためとのことだった。これも琉球諸島ではみられない。なお便座の周りにさらに目隠しの石積が築かれるものもみられ、これは琉球諸島の事例にもある。

こうした地方にあった豚小屋は、一九七〇年代に農村近代化運動である「セマウル運動」が行われると、近代化が進む中で減少し、八〇年代には消滅したという（姜京希氏からのご教示）。

近世琉球の豚飼育

様々な史資料を用いて、琉球諸島を中心に豚飼育施設をみてきた。本章を締めくくるにあたり、その展開とアジアの中での位置づけについて考えてみたい。

初期

琉球諸島の豚飼育は、おそらくは放し飼い、せいぜい紐でつなぐところから始められたが、近世琉球期の末（一九世紀前半）までに豚飼育施設が使われるようになる。フール等と呼ばれる豚飼育施設の最初期のものがどのような素材・形態だったかは不明瞭だが、石製野面積・無蓋型の豚便所は有力な候補である。その中で豚を飼育することで、人糞処理のほか堆肥を作る役割も果たしていた。

なお人糞処理の機能は豚飼育施設の登場から始まるのではなく、放し飼いの時期から豚が担っていたであろう。豚飼育施設は堆肥生産を兼ねさせることが主な目的であり、豚を閉じ込めた時点で自然と便所機能も付いてきたと考えられる。ただ野面積の壁は崩れやすかったであろうし、排水溝が設けられないため、衛生面では問題があっただろう。

発展

やがて一九世紀後半ごろまでには、大型の石材を積み上げた石製布積・石屋根型の豚便所が登場する。豚便所としての使用は続き、堆肥は小屋部の中だけでなく、隣に据えられたシーリ（塵溜場）でも生産される。崩れにくいように建材と構造が工夫され、小屋部には塵溜場と連結する排水溝が設けられるなど、石製野面積の豚便所の欠点が改善されている。また複数の小屋部を設けることで、何匹もの豚を飼育することや飼育分けも可能になっている。

さらに全体が成形された切石で築かれ、小屋部の上にはアーチ屋根を設けるといった、美観が整えられている点も注目される。豚に関する特別な観念の表れとも考えられよう。また琉球諸島の豚便所が何時から聖地化したのかは不明だが、少なくとも石製布積・石屋根型の美観に対する強い意識は、屋敷神《やしきがみ》のいる聖地とされたことと無関係ではないだろう。

石製布積・石屋根型は、琉球諸島の豚飼育施設の中で最も完成度が高く、ひとつの到達点といえるのではないだろうか。沖縄県の行政がこれを評価し奨励したことによって、同じ規格のものがさらに広く作られるようになったと推察される。

石製布積・石屋根型が使用され普及する中で、さらに様々な変化が発生した。豚便所から便座を取り外す豚小屋への改造も行われる。衛生観念が広まる中での変化であろうが、豚を家庭内で個人飼育する習慣自体はその後も残り続けることとなる。

変化

また一九二〇年代までには豚の品種改良や飼育方法の変化に応じ、豚飼育施設の変化も始まっていたと考えられる。便座をともなわないセメント製・無蓋型がいつごろ登場するのかははっきりしないが、網取村跡の事例から一九六〇年代まで築造されていたのは確実である。また装飾性は乏しくなる。豚や豚飼育施設への精神的な観念が薄まっていったことのあらわれと考えられるのではないだろうか。そして一つの集落内でも様々な種類が作られており、一方でセメント製・セメント屋根製のように、一つの集落、地域でのみ広がるものもみられるようになる。

近現代まで、琉球諸島だけでなく、奄美諸島、済州島でも豚飼育施設は使われていた。三地域を比較すると多くの共通点に気付く。豚は屋敷内の裏手で数頭単位で飼育され、排泄物の処理や堆肥作りの役割を果たしつつ、年末の祭礼時などに家庭内、集落内で消費されていた。しかし実際に豚飼育施設を観察すると、構造も素材も精神的位置づけも異なっていることにも気付く。そもそも琉球諸島も奄美諸島も、豚飼育施設は近世末から近代期になってから登場しており、それ以前は放し飼いであった可能性が高い。豚飼育施設は豚の伝来と共にもたらされたわけではなく、伝来後にそれぞれの地域で工夫され展開したと考えるべきではないだろうか。

終焉

琉球諸島の豚飼育は、昭和三十年代から復帰（昭和四十七年）前後に各地で終息している。聞き取り調査では、復帰により屠殺がやりづらくなったこと、保健所がうるさくなったことが終息の理由としてよく聞かれた。豚だけでなく、家畜飼育全体が専門業者によるものへと移り、家庭内の飼育が消滅していく。「本土復帰」へと至る近代化は、琉球諸島に住まう人々の生活の隅々まで様々な影響を及ぼしたのであろう。ただ豚や豚飼育の考え方の変化はそれ以前から始まっており、こうした外部からの影響は変化を促進させる役割を果たしたと考えるべきであろう。

三つの文化と近世琉球史――エピローグ

本書の構成は、冒頭で述べた通り、「近世琉球史」を一つの遺跡と見立て、ポイントを見定めてトレンチを設けるという発掘調査の手法に倣っている。ではそれぞれのトレンチから何が得られたのか、その成果から近世琉球史はどう捉えられるのかを考えてみたい。

喫煙

地球の裏側の原産地から西洋人たちによってもたらされたという点で、喫煙伝来は世界全体の歴史に連結する事件であった。喫煙は伝来から瞬く間に社会全体に広がった。煙、臭い、覚醒作用といった新しい体感が、社会全体に溢れたのである。東アジアの喫煙習慣の始まりは、琉球諸島だけでなく、「近世東アジア」全体の始まりを告げる象徴的な風習だった。そして西洋人たちがそうしたように、東アジアには東アジア独特の喫煙文化が育っていく。

琉球諸島の人々もまた、独自の喫煙文化を育んでいく。独特の喫煙具が生み出され、異なる性質の者たちを結びつける役割が与えられた。中でも神や死者と結びつける役割は西洋人が運ばなかった役割であり、琉球諸島で新たに生み出されたと考えられる。

園芸

園芸もまた喫煙と同じく、外から琉球諸島に持ち込まれた文化であろう。ただし喫煙より古く、一五世紀には王城に庭が造られている。遺跡から出土する中国産陶磁器の植木鉢は、ルーツをうかがわせる資料である。

そして一六世紀には瓦質土器の植木鉢が登場する。おそらくは中国産植木鉢を基にした、琉球諸島で初めて生産された窯業《ようぎょう》製品の一つであった。その後も改良は進められ、一七世紀には鹿児島から陶器の技術が導入され、植木鉢に応用されている。植木鉢は「近世琉球」という時代の動きをよく反映しているが、これは園芸が重視された文化だったからにほかならない。またわずかではあるが植木鉢は日本への輸出品ともなっており、特筆すべき生産品だったといえるだろう。

豚飼育

豚飼育はおそらくグスク時代までに定着し、園芸と同じく長い歴史を持つ。一九世紀に入るまでは放し飼いを基本とし、豚飼育施設は作られないか、せいぜい寝床となる簡易な建物程度しか無かったであろう。

現在よく知られるフールと呼ばれる豚飼育施設は、一九世紀前半までに登場したであろう。豚は中国由来の可能性があるが、豚飼育施設は豚と一緒に来たわけではなさそうだ。フールは多機能な施設として肥料生産も人糞《じんぷん》処理も行われ、こうした豚飼育のあり方は周辺地域に広く認められる。そして少なくとも近代期には、巨大な石材をふんだんに用い、聖地とされるようになったと考えられる。

しかし近代化の中で衛生問題が指摘され、また豚の品種改良に対応して、近代から現代にかけて衛生的合理的な豚飼育施設へと改良されていく。そして東アジア全体が変革期を迎える中、一九七〇～八〇年代に韓国と琉球諸島の家庭内豚飼育は消滅していったと考えられる。豚飼育の起源地である中国では少なくとも戦国時代までさかのぼる豚飼育施設だが、琉球諸島では一九世紀前半からのせいぜい一世紀半の間に急速に広がり、そして急速に消えていった文化だといえるだろう。

近世琉球史

少々専門的な物言いとなるが、筆者は考古学の調査研究成果を踏まえて、近世琉球期を首里王府《しゆりおうふ》が地産地《ちさんち》消《しよう》政策を推進した時代と定義し直した。そして大規模な官営窯業が開始された一六世紀以降を「近世琉球早期」、新たな技術導入により陶器生産が開始された一七世紀前半以降を「近世琉球前期」とした。また大規模な産業政策の転換があった一七世紀末からを「近世琉球中期」、停滞期に入った一八世紀後半から、寄留商人の活動が活発になる明治二十年代までを「近世琉球後期」とした（図5石井二〇一八）。この捉え方を前提として、本書で扱った三つの文化の調査研究成果を総合してみよう。

【近世琉球早期】近世琉球期の胎動が始まる一六世紀に大きな反応を示すのは、喫煙と園芸である。煙、臭い、覚醒作用といった琉球諸島の人々にとって新たな体感が、近世琉球早期にもたらされ、日常的なものとなっていく。

また園芸文化においては、早くも植木鉢の自給が始まっている。対外交流が先細り、貿易品が入って来なくなった一六世紀に、なぜ植木鉢が優先して生産されたのだろうか。地産地消策を推進した支配者層、権力者層にとって、園芸文化が重要であったことと無関係ではないだろう。近世琉球という時代を貫く王府優先の国策産業の性質は、一六世紀の園芸文化の動きによく反映されているのである。

【近世琉球前期】喫煙と園芸それぞれに反応がある。一七世紀初頭には独自の陶製キセルが登場し、その後は喫煙具の中心となっていく。この時期から独特の琉球喫煙文化が形に

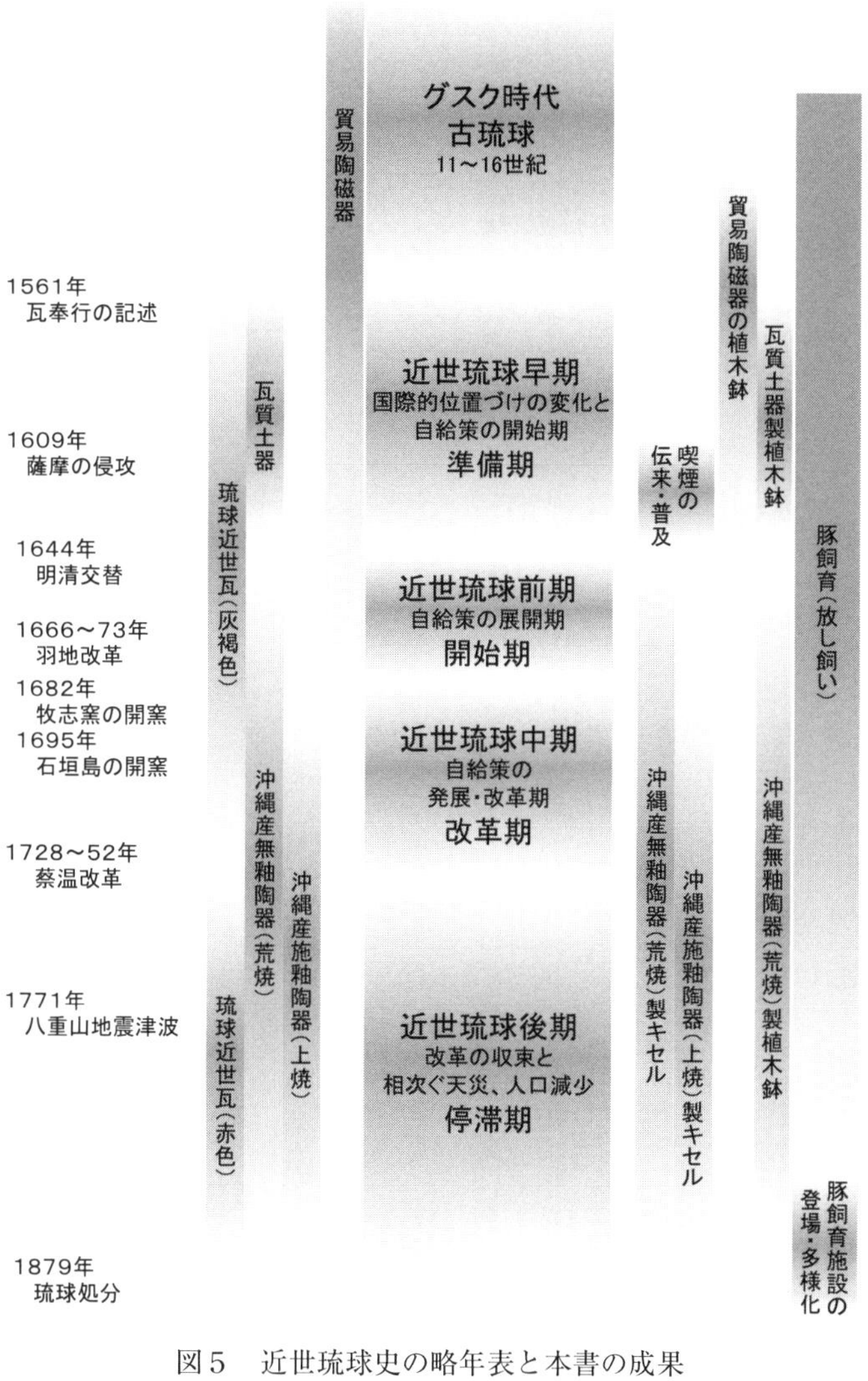
グスク時代
古琉球
11～16世紀
近世琉球早期
国際的位置づけの変化と
自給策の開始期
準備期
近世琉球前期
自給策の展開期
開始期
近世琉球中期
自給策の
発展・改革期
改革期
近世琉球後期
改革の収束と
相次ぐ天災、人口減少
停滞期
1561年
瓦奉行の記述
1609年
薩摩の侵攻
1644年
明清交替
1666～73年
羽地改革
1682年
牧志窯の開窯
1695年
石垣島の開窯
1728～52年
蔡温改革
1771年
八重山地震津波
1879年
琉球処分
貿易陶磁器
瓦質土器
琉球近世瓦（灰褐色）
沖縄産無釉陶器（荒焼）
沖縄産施釉陶器（上焼）
琉球近世瓦（赤色）
喫煙の
伝来・普及
沖縄産無釉陶器（荒焼）製キセル
沖縄産施釉陶器（上焼）製キセル
貿易陶磁器の植木鉢
瓦質土器製植木鉢
沖縄産無釉陶器（荒焼）製植木鉢
豚飼育（放し飼い）
豚飼育施設の
登場・多様化

図５　近世琉球史の略年表と本書の成果

なっていったといえるだろう。またほぼ同じ時期に薩摩焼の影響を受けた陶製植木鉢も登場している。薩摩焼を輸入するのではなく、技術を取り入れて自給している点は重要である。

近世琉球前期には、薩摩侵攻（一六〇九年）や明清交替（一六四四年）といった大きな政治的転換も重なり、その後の近世琉球期の要素が整っていく時期でもある。政治だけでなく文化習俗面でも大きな転換期だったことを意味している。

【近世琉球中期】この時期から陶器生産の本格化が進んでいる。園芸文化においては植木鉢の増産と先島諸島への広がりがみられる。喫煙文化においては施釉陶器製キセル、金属製キセルが登場し定着していく。墓からキセルが出土し始めるのもこの時期にあたる。

一方で近世琉球期が始まる前から行われていた豚飼育は、近世琉球早期、前期に変化があった様子はみられない。おそらくは放し飼いであっただろう。しかし近世琉球中期には豚の増産が行われており、これも近世琉球期を貫く王府の地産地消策の一環と考えられる。近世琉球中期は、それぞれの文化の発展期にあったことがうかがえる。

【近世琉球後期】八重山《やえやま》地震津波（一七七一年）や飢饉《ききん》、疫病《えきびょう》が発生し、先島諸島を中心に大幅な人口減少も進み、琉球諸島全体が停滞期に入る時期である。この時期、喫煙や園芸には大きな変化がみられないが、当時の時代背景を受けてのこととも考えられる。

一方で豚飼育は、この時期の後半ごろから注目すべき動きを始める。それまでの放し飼いから、王府主導の下で豚を専用施設に閉じ込め、堆肥生産も行う方法へと変化していく。天災多発期の疲弊する社会の中で急がれた、勧農《かんのう》政策の一環だったことがうかがえる。

【近現代期】喫煙、園芸、豚飼育は、近世琉球期という時代の流れをよく反映していたと考えられる。そして三つの文化のその後は、近世琉球文化のその後もまた、反映することとなる。本書の論旨からは少し外れるが、概要を記して締めくくりとしよう。

近世琉球期に培われた喫煙文化は、近代期にも受け継がれたようだ。キセルを使ってタバコを吸う人々の姿は近代期にもみられ、近代墓からもキセルは出土する。二〇世紀初頭までは旧慣温存策が採られ、タバコ税が沖縄県には適用されない時期もあったが、やがて税制や専売制度が適用されるようになると、日本の喫煙文化への同化も進んでいくこととなる。現代はタバコそのものが否定される社会となりつつあるが、一方で近世琉球期の喫煙は一部の祭祀の場で、神と人を結びつける役割を果たし続けていく。

近代期の園芸文化は、ソテツを椰子《やし》に見立て、またユリを聖母の象徴ととらえる欧米社会との出会いで転機を迎え、欧米市場へ南洋植物の栽培と輸出が行われるようになる。一方で琉球の士族《しぞく》社会で培われた園芸文化がそのままの形で現代まで残り続けることはなかったようだ。陶器生産は現在でも続けられているが、植木鉢はもはや主要な器種ではなくなっている。

喫煙や園芸に比べ、豚飼育の流れはダイナミックである。堆肥生産の場であり便所でもある多機能な豚飼育施設は、明治期にも広がっていく。一九世紀末ごろ、つまり近代期へと移り変わる時期には、大型石材を用い、屋敷内の聖地としての役割も担うものが登場し、豚飼育施設は完成の域に達する。

近代の初期に、何故こうした変化が現れたのだろうか。近世琉球期を貫いた地域ごとの地産地消政策が崩れたため、石工《いしく》を始め中央の技術者が各地に拡散し、こうした建築が地方でも築けるようになったのではないか。今後追究したい課題の一つである。また新時代の新興層が、自らの権勢をわかり易く表現できるものを求めた動きとみることもできるだろう。そう考えると、新たな豚飼育施設は新時代の象徴ともとらえられる。

しかし衛生観念の発達や豚の改良といった近代化の流れを受けて、豚飼育施設は変化し、最後は存在そのものが否定され消滅していく。こうした近現代期の変化は、琉球諸島が九州以北の日本列島と同質化していく変化ともとらえられるのだが、周辺地域の豚飼育施設に目を配ると、少し異なる見え方になってくる。

琉球諸島、奄美諸島、済州島《チェジュとう》の三地域を比べると、豚の家庭内飼育が一九七〇～八〇年代という同じ時期に消滅していったことに気付く。数百年に渡って目にも耳にも鼻にもついてきた家畜の気配が、東アジア全体で人々の日常から同時期に消えたのだ。琉球諸島では「本土復帰」によるものと理解されるが、すでに復帰していた奄美諸島や、直接の関係のない済州島でも同時期に消滅したということは、東アジア規模で前近代の要素が消滅していく変化だったと理解すべきである。二〇世紀後半は、東アジア民衆史における大きな節目だったのではないだろうか。

あとがき

本書の依頼を受けたのは、手元の記録によれば二〇一七年の一一月であった。書き溜めたネタが沢山ありますからすぐに出せますよ！などと調子のよいことを並べ、即快諾した記憶がある。しかし実際は、依頼を受けてから半年間動き無し、その後も未確認だった新しいデータが出るわ出るわで、結局多大な時間をかけることになってしまった。完璧なものなど未来永劫できないのだから、研究成果の発表はこまめにどんどん出せ！という信条を周りにも吹聴してきた私が、ただただ恥ずかしい限りである。

本書は書き下ろしではあるが、今までの筆者の論文、発表の内容を踏まえている。大半は、今から一〇年以上前の二〇〇九年に東京大学へ提出した博士論文『琉球近世物質文化の多角的研究』を下敷きにしており、加えてその後に研究を始めた豚飼育を合わせて構成した。

琉球諸島の考古学は学部生時代、具体的には二〇〇一年の学部三年次から私が追いかけてきたテーマである。最初は「貝塚時代」などと呼ばれる、先史琉球の石斧がテーマだった。が、母校に専門家はおらず、出身は千葉県の私がこのテーマに取り組むには諸々の課題があった。遺跡なら千葉にもいっぱいあるじゃないの、というのは母の言葉である。がしかし、そう言われれば言われるほど、根っからのアマノジャク根性が首をもたげてくる。関東にいると本がない。年に数回の沖縄調査時には、財布が空になるまで専門書をコピーした。以前の沖縄県立図書館のコピー機は小銭しか受け付けなかったので、手持ちが無くなると斜め向かいのスーパーで無駄遣いして紙幣を崩したのも懐かしい。コピー機がない施設では、腕が抜けそうなくらい大量の本を館外借り出しして、夏の炎天下をえっちらおっちら近くのコンビニに通った。親切な方々に過度なお願いをして迷惑もかけた。そんなこんなで仕上げた卒論は、しかしどうにも褒めどころのないものだったが、それでも何かに火が付いたのは確かであった。私は何の迷いもなく母校の大学院に進学し、当面居つくことになる。

大学院に上がると、今度は近世考古学に転身した。理由は自分でもよくわからないが、今振り返ると理由らしいものが無いでは無い。おそらくは二〇〇三年の夏休みに、首里《しゅり》城《じょう》跡《あと》黄金《くがに》御《う》殿《どぅん》地区（正殿裏にあった国王たちの生活空間）の発掘調査にアルバイト参加したのが契機だと思う。那覇市泉崎《いずみさき》の素泊まり宿を毎朝六時半に出発、片道一時間半かけて歩いて現場に通った。首里城に勤めている下っ端役人の心境だった。王城第一の外門である中山門の跡地を通り、城へつながる綾門大道《あいじょううふみち》の途中で安弁当を買い、木挽門《こびきもん》から中へ入る。正殿へ向かって奉神門《ほうしんもん》をくぐると、無断で入ってきた観光客だと思った警備員に毎朝呼び止められる。破れた麦藁帽子をかぶった汗だくの不審者を止めるのは当然だろう。

私はこの現場で初めてソーミンチャンプルーと出会い、サータアンダギーをテンプラと呼ぶことを知った。また現場の調査員の方々、一緒に作業員として働いた多種多様な方々から随分よくしてもらった。沖縄ロックのバンドメンバーからライブに誘われ、彫刻家の展覧会に顔を出し、今でも年賀状をやり取りする友人を得た。四週間働いて現場を離れる時には送別会を開いてもらったが、店に行くと誰もいない。沖縄タイムの洗礼を受けたのもこれが初めてだった。それでも、こうなることを心配したバンドメンバーが早めに来て下さり、一時間後には宴たけなわになっていたから、ビギナーズラックだったのだろう。

そんな生々しい体験を経て、「これからは近世琉球の瓦をテーマにしたい」とぶち上げた私に向かって、当時の指導教官は大笑いし、なら君は琉球に関することを全部やりなさい、南島形成論をやりなさいと言われた。軽口、冗談のおつもりだったかもしれないが、結果的には背中を押される形となった。にもかかわらず、せっかく進級した大学院に寄り付かない。発掘の基礎を身につけなければと、通学は週一度のみ、週四で自宅のある千葉県船橋市で発掘アルバイトにいそしみ、貯めた金で長期休みには南の島々へと出かけた。そのまま千葉の研究をすればよかったのにと、今ではそう思えるが、当時はこの矛盾に目を向けなかった。船に弱いくせに、竹芝桟橋から四五時間フェリーに乗って台風に揉まれた。島に滞在中は毎日県市町村の倉庫に籠もって遺物と格闘し、休日は図書館か遺跡を巡った。徒歩になるべくこだわり、へとへとになりながらグスクが丘陵上にあることを実感し、サトウキビ畑で二時間迷子になった。

君は沖縄が好きなんだね、と言われたこともあるが、実感としては少し違う。私は確かに島に深い関心を寄せて一方的に押しかけた立場だが、長年通っていると冷たい目に遭うこともある。そんな中で、埼玉の今の職場で知り合った妻が沖縄島出身と知った時はある種の運命を感じた。私が沖縄県博で展示会を開くと、妻の一族が大勢押し寄せて下さりとても助かる。四年前に生まれた娘は毎年沖縄島の親族に会いに行くのを楽しみにしている。考古学者になりたいなどと言い出したら何とかして翻意させるつもりだが、一方でいつか現場に連れて行きたいとも思うのは何故だろうか。それなりに誇らしく思っているからだろうか。

石井君がメジャーどころを研究する姿は想像できない、自分がやりたいことを飄々とやっているね、そんな言葉をかけて下さった先生がいた。その時はなぜかショックを受けたのだが、今思えばまさに言いえて妙であった。かつてほどの無茶苦茶な調査は出来なくなったが、今でも豚小屋の跡を求め、島を野良犬のように歩く時間は好きだ。やりたいことをやりたい場所で、やれるペースで続けてきた二〇年であった。

そんなあり方を止めずに認めて下さった恩師たちに今も深く感謝している。何しに来たか分からない異邦人に、最大限の歓待をして下さった島の方々にも感謝したい。そして時折南へと逃亡する使えない作業員を、温かく可愛がって下さった千葉県船橋市の皆様にもただ感謝である。三〇になってからは自分の現場を持つようになったが、そのカオスな空間にいつも付き合ってくれる研究者仲間たちにも感謝したい。多くの方々から沢山のご指導と親切をいただき、おかげで少し面白い本が出来ました。ありがとうございます。

二〇二〇年七月二日

石井龍太

引用・参考文献

麻生伸一・茂木仁史　2020『冊封琉球全図―一九一九年の御取り持ち―』雄山閣
新垣力　2019「沖縄における煙管の出現と喫煙習慣の伝来に関する一考察」，沖縄考古学会『南島考古』38
有田町教育委員会　2017『山辺田遺跡』
安渓遊地・安渓貴子　2011「空中写真にみる1945年の西表島南西部の村々」，安渓遊地・当山昌直編『奄美沖縄環境史資料集成』：99-110，南方新社
石井良助　1942［1971］『御仕置例類集（第二冊）古類集二』名著出版
石垣市教育委員会　1993『黒石川窯址』
石垣市総務部市史編集室　1991『石垣市史叢書1』
石垣市総務部市史編集室　1993『石垣市史叢書4』
石垣市総務部市史編集室　1994『石垣市史叢書6』
石垣市総務部市史編集室　1995『石垣市史叢書8』
石垣市総務部市史編集室　1999『石垣島　古郷安良の原風景―その歴史と自然―』
伊仙町企画課　2009『伊仙町シマジマぬ唄　長寿伝承子育て熟』平成20年度児童環境づくり基盤整備事業（音楽CD）
伊波普猷・東恩納寛惇・横山重編纂　1940『琉球史料叢書　第一』名取書店
今江正知・秋山伸一・君塚仁彦　1999『日本農書全集55　園芸2　養菊指南車・植木手入秘伝・剪花翁伝』農山漁村文化協会
岩倉市郎　1940『沖永良部島昔話』民間伝承の会
上江洲均　1981「「豚」あれこれ―久米島を中心に―」『沖縄民俗研究』3：43-48
ウイリアム・アダムス　比嘉洋子訳　1976「琉球諸島航海日誌　一六一四－一六一五」『南島史学』9：28-66
うるま市教育委員会　2012『楚南村跡ほか　―嘉手納地区（18～23）運動施設移設工事に係る文化財発掘調査―』
恵原義盛　1973『奄美生活誌』三陽社：101
大阪府教育委員会　1995『日置荘遺跡』
大城學　2003『沖縄の祭祀と民俗芸能の研究』砂子屋書房
沖縄県沖縄史料編集所　1982『沖縄県史料　前近代2　ペリー来航関係記録1』沖縄県教育委員会
沖縄県文化振興会公文書管理部史料編集室　2003『沖縄県史　各論編　第二巻

考古』沖縄県教育委員会
沖縄県教育庁文化課　1987『古我地原内古墓―沖縄自動車道（石川－那覇間）建設工事に伴う緊急発掘調査報告書（7）―』
沖縄県教育庁文化課　1988『首里城跡　歓会門・久慶門内側地域の復元整備にかかる遺構調査』
沖縄県教育庁文化課　1993『湧田古窯跡（Ⅰ）　県庁舎行政棟建設に係る発掘調査』
沖縄県教育庁文化課　1994『湧田古窯跡（Ⅱ）　県庁舎議会棟建設に係る発掘調査』
沖縄県教育庁文化課　1999『湧田古窯跡（Ⅳ）　県民広場地下駐車場建設に係る発掘調査』
沖縄県文化振興会公文書館管理部史料編集室　1999『沖縄県史　資料編７　伊江親方日々記　近世１』
沖縄県立芸術大学附属研究所・波照間永吉編　2004『鎌倉芳太郎資料集（ノート篇）第一巻)』沖縄県立芸術大学附属研究所
沖縄県立図書館　1976『徐葆光　中山伝信録　上　（郷土史講座テキスト冊封使使録集　十)』
沖縄県立図書館史料編集室　1989『沖縄県史料　前近代６　首里王府仕置２』沖縄県教育委員会
沖縄県立図書館史料編集室　1991『沖縄県史料　前近代７　首里王府仕置３』沖縄県教育委員会
沖縄県立埋蔵文化財センター　2001『首里城跡　下之御庭跡・用持座跡・瑞泉門跡・漏刻門跡・廣福門跡・木曳門跡発掘調査報告書』
沖縄県立埋蔵文化財センター　2002a『首里城跡　継世門周辺地区発掘調査報告書』
沖縄県立埋蔵文化財センター　2002b『天界寺跡』
沖縄県立埋蔵文化財センター　2002c『天界寺跡Ⅱ』
沖縄県立埋蔵文化財センター　2003『首里城跡　右掖門及び周辺地区発掘調査報告書』
沖縄県立埋蔵文化財センター　2005a『首里城跡　書院・鎖之間地区発掘調査報告書』
沖縄県立埋蔵文化財センター　2005b『首里城跡　上の毛地区及び周辺地区発掘調査書』
沖縄県立埋蔵文化財センター　2006a『沖縄科学技術大学院大学（仮称）建設予定地内の遺跡（Ⅱ）　埋蔵文化財予備調査（試掘・確認調査）報告』
沖縄県立埋蔵文化財センター　2006b『首里城跡　御内原地区発掘調査報告書』
沖縄県立埋蔵文化財センター　2006c『真珠道跡』

沖縄県立埋蔵文化財センター　2007『渡地村跡　臨港道路那覇1号線整備に伴う緊急発掘調査報告』
沖縄県立埋蔵文化財センター　2010『首里城跡　御内原北地区発掘調査報告書』
沖縄県立埋蔵文化財センター　2016『首里城跡銭蔵東地区』
沖縄市総務部総務課　2008『沖縄市史　第四巻　自然・地理・考古編—地理・考古編—』
沖縄マイクロセンター　1994『沖縄県令達類纂 五（沖縄県立図書館所蔵）』
恩納村教育委員会　2011『安富祖ダム建設に伴う緊急発掘調査報告』
小澤一弘　2009「中世瀬戸窯の花盆について」，加藤晋平先生喜寿記念論文集刊行委員会『加藤晋平先生喜寿記念論文集　物質文化史学論聚』02：255-266
鹿児島県立埋蔵文化財センター　2006『堂平窯跡』
鹿児島県歴史資料センター黎明館　1985『鹿児島県史料　旧記雑録後編5』
鹿児島市教育委員会　2002『名山遺跡』
賀島政基　1924『通俗豚飼育法：附・沖縄県の養豚』子安農園出版部
加藤久子　2019「〈報告〉池間島の祭祀と漁業—その足跡と地域共同体の再生—」『沖縄文化研究』46：305-378
岸本美緒　1998『世界史リブレット13　東アジアの「近世」』山川出版社
喜田川守貞　宇佐美英機校訂　1996『近世風俗志（守貞漫稿）（一）』岩波書店
北村正光発行　2007『明治後期産業発達史資料　第785巻　薩隅煙草録（下）・北海道輸出木材之調査』龍溪書舎
君塚仁彦　1995『日本農書全集54　園芸1　花壇地錦抄』農山漁村文化協会
球陽研究会　1974『球陽　原文編』角川書店
宜蘭県立蘭陽博物館　2008『淇武蘭遺址搶救發掘報告5』
黒澤弥悦　2017「南西諸島の島豚とイノシシ—その知られざる関係—」『BIOSTORY』27，誠文堂新光社
古泉弘　1983『江戸を掘る—近世都市考古学への招待—』柏書房
古泉弘　1989「近世考古学の可能性」，村上直編『日本近世史研究事典』：242-243，東京堂出版
国史編纂委員会　1986『朝鮮王朝実録』探求堂
蔡温　1934『独物語』沖縄郷土協会
榮喜久元　1964『奄美大島　与論島の民俗—生活共同体を中心として—』
佐喜真興英　1982『女人政治考・霊の島々』新泉社
サミュエル・ウェルズ・ウィリアムズ　洞富雄訳　1970『ペリー日本遠征随行記』
沢田四郎作　1969「旅の餞別と刀豆」『山でのことを忘れたか』：279-309，創元社
島弘　2010「沖縄諸島出土の煙管について」，たばこと塩の博物館・江戸遺跡研

究会編『シンポジウム VOC と日蘭交流— VOC 遺跡の調査と嗜好品—』: 78-89
島袋正敏　1989『沖縄の豚と山羊—生活の中から—』ひるぎ社
首里城復元期成会・那覇出版社編集部　1987『写真集　首里城』那覇出版会
昭和女子大学国際文化研究所　1997『ベトナムの日本町　ホイアンの考古学調査』
新潮社　2003「盆栽　みどりの小宇宙」『芸術新潮』2003 年 07 月号
菅原広史　2013「近世墓から出土する脊椎動物遺体—浦添市内の近世墓における動物骨埋納に関する予察—」，沖縄考古学会編『沖縄考古学会 2013 年度研究発表会　琉球近世墓の考古学—発表報告編—』: 59-67
鈴木達也　1999『喫煙伝来史の研究』思文閣出版
鈴木達也　2015『世界喫煙伝播史』思文閣出版
墨田区横川一丁目遺跡調査会　1999『東京都墨田区　横川一丁目遺跡』
全京秀　1997『環境親和の人類学』三信文化社（韓国語）
台湾銀行経済研究室編輯　1971a『清代琉球記録集輯（第一冊）諸家』台湾銀行
台湾銀行経済研究室編輯　1971b『琉球国志略（第一冊）周煌』台湾銀行
高橋遼平　2012『Ancient DNA を用いた先史時代　琉球列島へのイノシシ・家畜ブタ導入に関する動物考古学的研究』総合研究大学院大学　先導科学研究科生命共生体進化学専攻　博士論文（理学）
たばこと塩の博物館　2008『水煙具・東アジアの喫煙具・シガー＆シガレットホルダー』
田畑千秋　1978「「豚婿入」とその周辺」『沖縄文化研究』 5 : 336-351
谷田有史　2000「江戸時代のたばこ」，江戸遺跡研究会編『江戸文化の考古学』: 171-191，吉川弘文館
知名町誌編纂委員会　1982『知名町誌』
北谷町教育委員会　2001『山川原古墓群（2）　瑞慶覧（11）倉庫建設工事に係る文化財発掘調査報告』
中国民俗学会編　1935-1936『方言叢書　第七篇』
塚田清策　1970『琉球国碑文記』啓学出版
樋泉岳二　2003「第 3 節　脊椎動物遺体からみた奄美・沖縄の環境と生業」，木下尚子編『先史琉球の生業と交易—奄美・沖縄の発掘調査から—』47-66 : 熊本大学
徳富重成　1993『雑記集成（2）』
得能壽美　2007『近世八重山の民衆生活史—石西礁湖をめぐる海と島々のネットワーク—』榕樹書林
得能壽美　2014「近世八重山のイノシシ対策—文字と絵画の資料論—」『法政大学沖縄文化研究所　2014 年総合講座「沖縄を考える」5／9』配布資料

登山修　1996『奄美民俗の研究』海風社
登山修　2000『奄美民族雑話』春苑堂書店
中尾佐助　1986『花と木の文化史』岩波書店
中川成夫　1985a「中世考古学の諸問題」『歴史考古学の方法と課題』: 3-18, 雄山閣
中川成夫　1985b「近世考古学の提唱」『歴史考古学の方法と課題』: 19-20, 雄山閣
長崎県教育委員会　2017『竹松遺跡Ⅱ』
長佐古真也　2010「EDX 分析による金属製喫煙具の合金組成―煙管の祖形を求めて―」, たばこと塩の博物館・江戸遺跡研究会編『シンポジウム　VOC と日蘭交流― VOC 遺跡の調査と嗜好品―発表要旨』
仲地哲夫・福仲憲・新城敏男・島尻勝太郎・原口虎雄・野口逸三郎・飯沼二郎・岡光夫・山田龍雄　1983『日本農書全集 34』社団法人農山漁村文化協会
仲原善秀　1990『久米島の歴史と民俗』第一書房
長崎県教育委員会　2017『竹松遺跡』
長澤和俊　1974『奄美文化誌　南島の歴史と民俗』: 137, 西日本新聞社
今帰仁村教育委員会　2005『今帰仁城跡周辺遺跡Ⅱ』
今帰仁村教育委員会　2012『今帰仁村の民話・伝承』
名越左源太　2007a『ワイド版東洋文庫 431 南島雑話 1　幕末奄美民俗誌』
名越左源太　2007b『ワイド版東洋文庫 432 南島雑話 2　幕末奄美民俗誌』
名護博物館　2002『沖縄のセメント瓦』
名瀬市誌編纂委員会　1996『改訂名瀬市誌 3 巻　民俗編』
那覇市企画部文化振興課　1989『那覇市史　資料編第 1 巻 10　琉球資料（上）』
那覇市教育委員会　1992『壺屋古窯群Ⅰ』
那覇市制 70 周年記念企画「歴史をひらく・琉球文化秘法展」実行委員会　1992『歴史をひらく・琉球文化秘法展』図録
浪岡町教育委員会　1985『浪岡城跡Ⅶ』
農商務省農務局　1911『獣疫調査報告書　第四次』
野口勝一編　1897『沖縄風俗図絵』東陽堂
野口武徳　1972『沖縄池間島民俗誌』未来社
萩原左人　1991「肉の文化・油の文化―肉食研究の一視点―」『比較民俗研究』4 : 28-44
萩原左人　2000「韓国済州島の豚飼養と食慣行」, 琉球大学法文学部附属アジア研究施設『琉大アジア研究』3 : 29-42
萩原左人　2009「肉食の民俗誌」『日本の民俗』12 : 195-278, 吉川弘文館
橋口定志　2001「園芸」, 江戸遺跡研究会編『図説　江戸考古学研究事典』: 230-232, 柏書房

浜田耕作　1922［1984］『通論考古學』雄山閣出版
原田禹雄訳注　2007『使琉球記　李鼎元著』言叢社
東恩納寛惇　1978『東恩納寛惇全集２』琉球新報社
比嘉朝健　1936「研究資料　琉球歴代陶工家譜　中」『美術研究』50：26-30
平川信幸　2011「「御用植木鉢下図」から見る琉球王国の産業」『琉球陶器の来た道』：134-143，沖縄県立博物館・美術館
平川宗隆　2000『沖縄トイレ世替わり―フール（豚便所）から水洗まで―』ボーダーインク
平良市教育委員会・社会教育課　1999『住屋遺跡　平良市庁舎建設に伴う記録保存の為の緊急発掘調査』
平良市史編さん委員会編　1988『平良市史 第８巻（資料編６ 考古・人物・補遺）』平良市教育委員会
福井県立朝倉氏遺跡資料館　1987『特別史跡　一乗谷朝倉氏遺跡ＸⅧ』
福井県立朝倉氏遺跡資料館　1988『特別史跡　一乗谷朝倉氏遺跡発掘調査報告Ⅱ』
福田敏一編　2008『考古学という可能性―足場としての近現代―』雄山閣
古堅宗昌　1935「琉球在来種豚の形態と性能」，沖縄博物学会編『沖縄博物学会会報』１巻１号：23-25
北京市文物研究所　北京市西城区文物管理所　2008「北京毛家湾明代瓷器坑発掘簡報」『文物』2008.4：51-61
北京市文物研究所編著　2012『昌平沙河：漢，西晋，唐，元，明，清代墓葬発掘報告』科学出版社
法政大学沖縄文化研究所　1984『聞得大君加那志様御新下日記』沖縄研究資料４
堀内秀樹　2001「器種と分類７　植木鉢」，江戸遺跡研究会編『図説　江戸考古学研究事典』：318，柏書房
前田一舟　2001「第８部　上江洲・西銘における葬制と祖先祭祀」，沖縄県立埋蔵文化財センター編『ヤッチのガマ・カンジン原古墓群』：408-429
真栄平房昭　1996「タバコをめぐる琉球社会史」，高良倉吉・豊見山和行・真栄平房昭編『新しい琉球史像―安良城盛昭先生追悼論集―』：131-152
宮平盛晃　2012「第一章　南島におけるシマクサラシの性格」『捧げられる生命―沖縄の動物供犠―』お茶の水書房
宮本常一・原口虎雄・比嘉春潮　1968『日本庶民生活史料集成　第一巻　探検・紀行・地誌（南島篇）』三一書房
山田武男著　安渓遊地・安渓貴子編　1986『わが故郷アントゥリ―西表・網取村の民俗と古謡―』ひるぎ社
横山重　1990『琉球史料叢書』鳳文書館
吉田光邦編　1977『江戸時代図誌　第24巻　南島』筑摩書房

吉成直樹・石井龍太　2009「（要約版）琉球列島における喫煙習俗の多角的研究」，たばこ総合研究センター編『財団法人たばこ総合研究センター助成研究報告』：1-2　http://www.tasc.or.jp/assist/archives/h21/pdf/2009_yoshinari.pdf
ラブ・オーシュリ　上原正稔編　1987『青い目が見た大琉球』ニライ社
琉球王国評定所文書編集委員会　1988『琉球王国評定所文書　第一巻』浦添市教育委員会
琉球王国評定所文書編集委員会　1989『琉球王国評定所文書　第三巻』浦添市教育委員会
琉球王国評定所文書編集委員会　1991『琉球王国評定所文書　第七巻』浦添市教育委員会
琉球王国評定所文書編集委員会　1995『琉球王国評定所文書　第十一巻』浦添市教育委員会
琉球王国評定所文書編集委員会　2000『琉球王国評定所文書　第十六巻』浦添市教育委員会
良定　横山重編　1936『琉球神道記：弁蓮社袋中集』大岡山書店
渡辺重綱　1879『琉球漫録』弘令社
和泊町公民館編　1956『沖永良部島郷土史資料』

※本書は，筆者の博士論文（2009『琉球近世物質文化の多角的研究』博士論文，東京大学）と，過去に発表したいくつかの論考を基に書き下ろしたものである。より詳細な情報や分析手順を知りたい方は，以下の文献を参照いただきたい。

【琉球諸島と考古学】

石井龍太　2014「7．近世琉球王国と東アジア交流」『岩波講座日本歴史』第20巻 地域論（テーマ巻1）：165-190，岩波書店
石井龍太　2018「「近世琉球」の考古学研究―窯業史研究を通じ時代理解の枠組みを探る―」『琉大史学』20：39-50

【喫煙】

石井龍太　2009「沖縄のキセル」，南島研究会『南島研究』50：6-23
石井龍太　2011「琉球諸島出土キセルの基礎的研究―琉球喫煙文化の研究―」『東京大学考古学研究室研究紀要』24：97-131
石井龍太　2013「琉球諸島の墓出土キセル」，沖縄考古学会『平成25年度 沖縄考古学会総会・研究発表会』（紙上発表）：68-74

【園芸】

石井龍太　2008「琉球近世の植木鉢」，東南アジア考古学会『東南アジア考古学

会紀要』28：155-168
石井龍太　2010「琉球諸島の鉢植えと花卉園芸文化―考古資料，文献資料，絵図資料からの分析―」，法政大学沖縄文化研究所『沖縄文化研究』36：137-169
石井龍太　2011 年「琉球近世植木鉢の系譜―アジアの中の琉球園芸文化―」，沖縄考古学会『南島考古』30：45-60

【豚飼育】
阿部常樹・石井龍太・小林竜太・金武正紀　2012「家畜小屋に「設置された」動物骨―沖縄県石垣市近代安良村濵崎邸跡の事例―」，第 16 回動物考古学研究集会，国立歴史民俗博物館大会議室（ポスター発表　2012 年 11 月 10，11 日）
石井龍太・金武正紀・阿部常樹・小林竜太・藤掛泰尚・久米正吾・角道亮介・西嶋尚子・久我谷渓太　2012「石垣島安良村跡　発掘調査概報」，東南アジア考古学会『東南アジア考古学』32：121-126
石井龍太・北條芳隆・河野裕美　2011「西表島網取集落内ヤンデーヤ跡の予備調査―検出遺構，出土瓦の分析を中心に―」，東海大学沖縄地域研究センター『西表島研究 2011　東海大学沖縄地域研究センター所報』：14-32
石井龍太・北條芳隆・河野裕美　2012「網取村跡カイメーヤ跡フール調査報告」，東海大学沖縄地域研究センター『西表島研究 2011　東海大学沖縄地域研究センター所報』：10-19
石井龍太・盛田拳生・北條芳隆・河野裕美　2013「西表島における終末期豚小屋の考古学調査　網取村跡所在豚小屋悉皆調査報告」，東海大学沖縄地域研究センター『西表島研究 2013　東海大学沖縄地域研究センター所報』：15-28
盛田拳生・石井龍太・北條芳隆・河野裕美　2013「西表島網取村跡アルシケーヤ地区豚小屋調査報告」，東海大学沖縄地域研究センター『西表島研究 2013　東海大学沖縄地域研究センター所報』：5-14
石井龍太・盛田拳生　2014「琉球諸島の豚飼育施設―豚便所，豚小屋にみる琉球諸島の近世，近代，現代史―」，南島研究会『南島研究』55：7-31

挿図の出典

図１　筆者作成

図２-１　筆者作成

図２-２-１　柱状形．沖縄県教育庁文化課 1987：152　釣鐘形．沖縄県教育庁文化課 1987：152，沖縄県教育庁文化課 1987：72　パイプ形Ａ・無釉陶器製．沖縄県立埋蔵文化財センター 2007：187　パイプ形Ｂ・無釉陶器製．沖縄県教育庁文化課 1999：81，沖縄県立埋蔵文化財センター 2010：328　パイプ形Ｃ・無釉陶器製．筆者撮影（湧田古窯跡）　パイプ形Ｄ・無釉陶器製．沖縄県教育庁文化課 1999：81，平良市教育委員会・社会教育課 1999：191　パイプ形Ｅ・無釉陶器製．沖縄県立埋蔵文化財センター 2007：187，筆者撮影（湧田古窯跡）

図２-２-２　パイプ形・施釉陶器製．沖縄県教育庁文化課 1999：81，沖縄県立埋蔵文化財センター 2006b：135，那覇市教育委員会 1992：152，沖縄県立埋蔵文化財センター 2005b：110　パイプ形・金属製．北谷町教育委員会 2001：168，沖縄県立埋蔵文化財センター 2001：157，沖縄県教育庁文化課 1987：156，沖縄県立埋蔵文化財センター 2006a：47　その他．沖縄県教育庁文化課 1999：81

図２-３　１．昭和女子大学国際文化研究所 1997：101　２～４．宜蘭県立蘭陽博物館 2008：97-101　５．長崎県教育委員会 2017：278　６～８．有田町教育委員会 2017：96　９．北京市文物研究所 2012

図２-４　１．石垣市立八重山博物館所蔵資料　２．ハワイ大学図書館所蔵資料（阪巻・宝玲文庫）　３．加藤 2019：345

図３-１　１．今帰仁村教育委員会 2005：45　２，３．沖縄県立埋蔵文化財センター 2002c：39　４．沖縄県立埋蔵文化財センター 2002b：70

図３-２　１．沖縄県教育庁文化課 1993：141　２．沖縄県教育庁文化課 1994：142　３．沖縄県教育庁文化課 1999：76　４～６．筆者作成

図３-３　１．沖縄県教育庁文化課 1993：132　２．那覇市教育委員会 1992：90　３～６．沖縄市総務部総務課 2008：155　７．石垣市教育委員会 1993：62　８．沖縄県立埋蔵文化財センター 2006b：68　９．沖縄県立埋蔵文化財センター 2003：65

図３-４　１，２．沖縄県立埋蔵文化財センター 2002a：77　３．筆者撮影

図３-５　１．北京市文物研究所 北京市西城区文物管理所 2008：59　２．筆者撮影　３．小澤 2009：257　４．小澤 2009：260　５．大阪府教育委員会 1995：101　６．福井県立朝倉氏遺跡資料館 1987：第４図　７．鹿児島県立埋

蔵文化財センター 2006：258　8．鹿児島県立埋蔵文化財センター 2006：256
図3-6　北京市文物研究所 北京市西城区文物管理所 2008：59　小澤 2009：257　福井県立朝倉氏遺跡資料館 1987：第4図　鹿児島県立埋蔵文化財センター 2006：256　沖縄県教育庁文化課 1993：141　沖縄県教育庁文化課 1993：132　沖縄県立埋蔵文化財センター 2006b：68　沖縄県立埋蔵文化財センター 2002a：77　その他は筆者撮影
図3-7　1，2．沖縄県立図書館 1976　3．琉球大学附属図書館所蔵資料　4．沖縄県立博物館・美術館所蔵資料
図4-1　1．筆者作成（原図　久我谷渓太）　2．恩納村教育委員会 2011：33, 96
図4-2　筆者撮影，作成
図4-3　1．うるま市教育委員会 2012：41　2．筆者撮影
図4-4　筆者撮影
図4-5　筆者撮影，作成
図4-6　筆者・盛田拳生氏撮影，作成
図4-7　筆者撮影，作成
図4-8　1．野口編 1897：図「琉球国那覇市民居宅の図」　2．沖縄マイクロセンター 1994：411　3．賀島 1924：198
図4-9　筆者撮影，作成
図4-10　うるま市教育委員会 2012：41　その他は筆者作成，撮影　※石製野面積・無蓋型の原図は久我谷渓太氏作成
図4-11　筆者作成
図4-12　筆者作成
図4-13　1～3．筆者撮影，作成　4．奄美市立奄美博物館所蔵資料
図4-14　筆者作成
図4-15　筆者撮影
図5　筆者作成

著者紹介

一九七九年、千葉県に生まれる
二〇〇三年、東京大学文学部歴史文化学科考古学専攻卒業
二〇〇八年、東京大学大学院人文社会系研究科考古学専門博士後期課程単位満了退学
二〇〇九年、学位取得（東京大学、博士（文学））
現在、城西大学経営学部准教授

〔主要著書・論文〕

『島瓦の考古学』（新典社、二〇一〇年）
「近世琉球王国と東アジア交流」（『岩波講座日本歴史二〇　地域論』、岩波書店、二〇一四年）
「「近世琉球」の考古学研究―窯業史研究を通じ時代理解の枠組みを探る―」（『琉大史学』二〇、二〇一八年）

歴史文化ライブラリー
512

ものがたる近世琉球
喫煙・園芸・豚飼育の考古学

二〇二〇年（令和二）十二月一日　第一刷発行

著　者　石《いし》井《い》龍《りょう》太《た》
発行者　吉川道郎
発行所　株式会社　吉川弘文館
東京都文京区本郷七丁目二番八号
郵便番号一一三—〇〇三三
電話〇三—三八一三—九一五一〈代表〉
振替口座〇〇一〇〇—五—二四四
http://www.yoshikawa-k.co.jp/
印刷＝株式会社　平文社
製本＝ナショナル製本協同組合
装幀＝清水良洋・宮崎萌美

ISBN978-4-642-05912-1

歴史文化ライブラリー

1996. 10

刊行のことば

現今の日本および国際社会は、さまざまな面で大変動の時代を迎えておりますが、近づきつつある二十一世紀は人類史の到達点として、物質的な繁栄のみならず文化や自然・社会環境を謳歌できる平和な社会でなければなりません。しかしながら高度成長・技術革新にともなう急激な変貌は「自己本位な刹那主義」の風潮を生みだし、先人が築いてきた歴史や文化に学ぶ余裕もなく、いまだ明るい人類の将来が展望できていないようにも見えます。このような状況を踏まえ、よりよい二十一世紀社会を築くために、人類誕生から現在に至る「人類の遺産・教訓」としてのあらゆる分野の歴史と文化を「歴史文化ライブラリー」として刊行することといたしました。

小社は、安政四年（一八五七）の創業以来、一貫して歴史学を中心とした専門出版社として書籍を刊行しつづけてまいりました。その経験を生かし、学問成果にもとづいた本叢書を刊行し社会的要請に応えて行きたいと考えております。

現代は、マスメディアが発達した高度情報化社会といわれますが、私どもはあくまでも活字を主体とした出版こそ、ものの本質を考える基礎と信じ、本叢書をとおして社会に訴えてまいりたいと思います。これから生まれでる一冊一冊が、それぞれの読者を知的冒険の旅へと誘い、希望に満ちた人類の未来を構築する糧となれば幸いです。

吉川弘文館

歴史文化ライブラリー

考古学

タネをまく縄文人 最新科学が覆す農耕の起源——小畑弘己
老人と子供の考古学——山田康弘
〈新〉弥生時代 五〇〇年早かった水田稲作——藤尾慎一郎
文明に抗した弥生の人びと——寺前直人
樹木と暮らす古代人 木製品が語る弥生・古墳時代——樋上 昇
古 墳——土生田純之
東国から読み解く古墳時代——若狭 徹
埋葬からみた古墳時代 女性・親族・王権——清家 章
神と死者の考古学 古代のまつりと信仰——笹生 衛
土木技術の古代史——青木 敬
国分寺の誕生 古代日本の国家プロジェクト——須田 勉
海底に眠る蒙古襲来 水中考古学の挑戦——池田榮史
銭の考古学——鈴木公雄
ものがたる近世琉球 喫煙・園芸・豚飼育の考古学——石井龍太

近世史

細川忠利 ポスト戦国世代の国づくり——稲葉継陽
江戸の政権交代と武家屋敷——岩本 馨
江戸の町奉行——南 和男
江戸御留守居役 近世の外交官——笠谷和比古
大名行列を解剖する 江戸の人材派遣——根岸茂夫
江戸大名の本家と分家——野口朋隆
〈甲賀忍者〉の実像——藤田和敏
江戸の武家名鑑 武鑑と出版競争——藤實久美子
江戸の出版統制 弾圧に翻弄された戯作者たち——佐藤至子
武士という身分 城下町萩の大名家臣団——森下 徹
旗本・御家人の就職事情——山本英貴
武士の奉公 本音と建前 江戸時代の出世と処世術——高野信治
宮中のシェフ、鶴をさばく 江戸時代の朝廷と庖丁道——西村慎太郎
馬と人の江戸時代——兼平賢治
犬と鷹の江戸時代 〈犬公方〉綱吉と〈鷹将軍〉吉宗——根崎光男
紀州藩主 徳川吉宗 明君伝説・宝永地震・隠密御用——藤本清二郎
近世の巨大地震——矢田俊文
江戸時代の孝行者 「孝義録」の世界——菅野則子
死者のはたらきと江戸時代 遺訓・家訓・辞世——深谷克己
近世の百姓世界——白川部達夫
闘いを記憶する百姓たち 江戸時代の裁判学習帳——八鍬友広
江戸のパスポート 旅の不安はどう解消されたか——柴田 純

歴史文化ライブラリー

〈身売り〉の日本史 人身売買から年季奉公へ——下重 清
江戸の捨て子たち その肖像——沢山美果子
江戸の乳と子ども いのちをつなぐ——沢山美果子
エトロフ島 つくられた国境——菊池勇夫
江戸時代の医師修業 学問・学統・遊学——海原 亮
江戸幕府の日本地図 国絵図・城絵図・日本図——川村博忠
江戸の地図屋さん 販売競争の舞台裏——俵 元昭
踏絵を踏んだキリシタン——安高啓明
墓石が語る江戸時代 大名・庶民の墓事情——関根達人
石に刻まれた江戸時代 無縁・遊女・北前船——関根達人
近世の仏教 華ひらく思想と文化——末木文美士
松陰の本棚 幕末志士たちの読書ネットワーク——桐原健真
龍馬暗殺——桐野作人
日本の開国と多摩 生糸・農兵・武州一揆——藤田 覚
幕末の世直し 万人の戦争状態——須田 努
幕末の海軍 明治維新への航跡——神谷大介
海辺を行き交うお触れ書き 浦触の語る徳川情報網——水本邦彦
江戸の海外情報ネットワーク——岩下哲典

近・現代史

江戸無血開城 本当の功労者は誰か？——岩下哲典
五稜郭の戦い 蝦夷地の終焉——菊池勇夫
水戸学と明治維新——吉田俊純
大久保利通と明治維新——佐々木 克
刀の明治維新 「帯刀」は武士の特権か？——尾脇秀和
維新政府の密偵たち 御庭番と警察のあいだ——大日方純夫
京都に残った公家たち 華族の近代——刑部芳則
文明開化 失われた風俗——百瀬 響
西南戦争 戦争の大義と動員される民衆——猪飼隆明
大久保利通と東アジア 国家構想と外交戦略——勝田政治
明治の政治家と信仰 クリスチャン民権家の肖像——小川原正道
文明開化と差別——今西 一
大元帥と皇族軍人 明治編——小田部雄次
皇居の近現代史 開かれた皇室像の誕生——河西秀哉
明治神宮の出現——山口輝臣
神都物語 伊勢神宮の近現代史——ジョン・ブリーン
陸軍参謀 川上操六 日清戦争の作戦指導者——大澤博明
日清・日露戦争と写真報道 戦場を駆ける写真師たち——井上祐子

歴史文化ライブラリー

公園の誕生——小野良平
啄木短歌に時代を読む——近藤典彦
鉄道忌避伝説の謎 汽車が来た町、来なかった町——青木栄一
軍隊を誘致せよ 陸海軍と都市形成——松下孝昭
お米と食の近代史——大豆生田 稔
日本酒の近現代史 酒造地の誕生——鈴木芳行
失業と救済の近代史——加瀬和俊
近代日本の就職難物語 「高等遊民」になるけれど——町田祐一
選挙違反の歴史 ウラからみた日本の一〇〇年——季武嘉也
海外観光旅行の誕生——有山輝雄
関東大震災と戒厳令——松尾章一
難民たちの日中戦争 戦火に奪われた日常——芳井研一
昭和天皇とスポーツ 〈玉体〉の近代史——坂上康博
大元帥と皇族軍人 大正・昭和編——小田部雄次
昭和陸軍と政治 「統帥権」というジレンマ——高杉洋平
海軍将校たちの太平洋戦争——手嶋泰伸
松岡洋右と日米開戦 大衆政治家の功と罪——服部 聡
地図から消えた島々 幻の日本領と南洋探検家たち——長谷川亮一
自由主義は戦争を止められるのか 芦田均・清沢洌・石橋湛山——上田美和

モダン・ライフと戦争 スクリーンのなかの女性たち——宜野座菜央見
彫刻と戦争の近代——平瀬礼太
軍用機の誕生 日本軍の航空戦略と技術開発——水沢 光
首都防空網と〈空都〉多摩——鈴木芳行
帝都防衛 戦争・災害・テロ——土田宏成
陸軍登戸研究所と謀略戦 科学者たちの戦争——渡辺賢二
帝国日本の技術者たち——沢井 実
〈いのち〉をめぐる近代史 堕胎から人工妊娠中絶へ——岩田重則
戦争とハンセン病——藤野 豊
強制された健康 日本ファシズム下の生命と身体——藤野 豊
「自由の国」の報道統制 大戦下の日系ジャーナリズム——水野剛也
海外戦没者の戦後史 遺骨帰還と慰霊——浜井和史
学徒出陣 戦争と青春——蜷川壽惠
特攻隊の〈故郷〉 霞ヶ浦・筑波山・北浦・鹿島灘——伊藤純郎
沖縄戦 強制された「集団自決」——林 博史
陸軍中野学校と沖縄戦 知られざる少年兵「護郷隊」——川満 彰
沖縄からの本土爆撃 米軍出撃基地の誕生——林 博史
原爆ドーム 物産陳列館から広島平和記念碑へ——頴原澄子
米軍基地の歴史 世界ネットワークの形成と展開——林 博史

歴史文化ライブラリー

沖縄米軍基地全史——野添文彬
沖縄 占領下を生き抜く 軍用地・通貨・毒ガス——川平成雄
考証 東京裁判 戦争と戦後を読み解く——宇田川幸大
昭和天皇退位論のゆくえ——冨永 望
ふたつの憲法と日本人 戦前・戦後の憲法観——川口暁弘
戦後文学のみた〈高度成長〉——伊藤正直
首都改造 東京の再開発と都市政治——源川真希
鯨を生きる 鯨人の個人史・鯨食の同時代史——赤嶺 淳
文化財報道と新聞記者——中村俊介

文化史・誌

落書きに歴史をよむ——三上喜孝
霊場の思想——佐藤弘夫
跋扈《ばっこ》する怨霊 祟りと鎮魂の日本史——山田雄司
将門伝説の歴史——樋口州男
藤原鎌足、時空をかける 変身と再生の日本史——黒田 智
変貌する清盛 『平家物語』を書きかえる——樋口大祐
空海の文字とことば——岸田知子
日本禅宗の伝説と歴史——中尾良信
殺生と往生のあいだ 中世仏教と民衆生活——苅米一志
浦島太郎の日本史——三舟隆之
〈ものまね〉の歴史 仏教・笑い・芸能——石井公成
戒名のはなし——藤井正雄
墓と葬送のゆくえ——森 謙二
ほとけを造った人びと 止利仏師から運慶・快慶まで——根立研介
運 慶 その人と芸術——副島弘道
祇園祭 祝祭の京都——川嶋將生
洛中洛外図屏風 つくられた〈京都〉を読み解く——小島道裕
化粧の日本史 美意識の移りかわり——山村博美
乱舞の中世 白拍子・乱拍子・猿楽——沖本幸子
神社の本殿 建築にみる神の空間——三浦正幸
古建築を復元する 過去と現在の架け橋——海野 聡
大工道具の文明史 日本・中国・ヨーロッパの建築技術——渡邉 晶
苗字と名前の歴史——坂田 聡
日本人の姓・苗字・名前 人名に刻まれた歴史——大藤 修
大相撲行司の世界——根間弘海
日本料理の歴史——熊倉功夫
日本の味 醤油の歴史——林 玲子・天野雅敏 編
中世の喫茶文化 儀礼の茶から「茶の湯」へ——橋本素子

歴史文化ライブラリー

香道の文化史―本間洋子
天皇の音楽史 古代・中世の帝王学―豊永聡美
流行歌の誕生 「カチューシャの唄」とその時代―永嶺重敏
話し言葉の日本史―野村剛史
柳宗悦と民藝の現在―松井 健
遊牧という文化 移動の生活戦略―松井 健
マザーグースと日本人―鷲津名都江
たたら製鉄の歴史―角田徳幸
金属が語る日本史 銭貨・日本刀・鉄炮―齋藤 努
書物と権力 中世文化の政治学―前田雅之
書物に魅せられた英国人 フランク・ホーレーと日本文化―横山 學
災害復興の日本史―安田政彦

民俗学・人類学

日本人の誕生 人類はるかなる旅―埴原和郎
倭人への道 人骨の謎を追って―中橋孝博
神々の原像 祭祀の小宇宙―新谷尚紀
役行者と修験道の歴史―宮家 準
幽霊 近世都市が生み出した化物―髙岡弘幸
雑穀を旅する―増田昭子
川は誰のものか 人と環境の民俗学―菅 豊
名づけの民俗学 地名・人名はどう命名されてきたか―田中宣一
番と衆 日本社会の東と西―福田アジオ
記憶すること・記録すること 聞き書き論ノート―香月洋一郎
番茶と日本人―中村羊一郎
柳田国男 その生涯と思想―川田 稔

世界史

中国古代の貨幣 お金をめぐる人びとと暮らし―柿沼陽平
渤海国とは何か―古畑 徹
古代の琉球弧と東アジア―山里純一
アジアのなかの琉球王国―高良倉吉
琉球国の滅亡とハワイ移民―鳥越皓之
フランスの中世社会 王と貴族たちの軌跡―渡辺節夫
ヒトラーのニュルンベルク 第三帝国の光と闇―芝 健介
人権の思想史―浜林正夫

古代史

邪馬台国の滅亡 大和王権の征服戦争―若井敏明
日本語の誕生 古代の文字と表記―沖森卓也
日本国号の歴史―小林敏男

歴史文化ライブラリー

- 安倍晴明 陰陽師たちの平安時代 —— 繁田信一
- 平安時代の死刑 なぜ避けられたのか —— 戸川 点
- 古代の神社と神職 神をまつる人びと —— 加瀬直弥
- 古代の食生活 食べる・働く・暮らす —— 吉野秋二
- 大地の古代史 土地の生命力を信じた人びと —— 三谷芳幸
- 時間の古代史 霊鬼の夜、秩序の昼 —— 三宅和朗

中世史

- 列島を翔ける平安武士 九州・京都・東国 —— 野口 実
- 源氏と坂東武士 —— 野口 実
- 敗者たちの中世争乱 年号から読み解く —— 関 幸彦
- 平氏が語る源平争乱 —— 永井 晋
- 熊谷直実 中世武士の生き方 —— 高橋 修
- 中世武士 畠山重忠 秩父平氏の嫡流 —— 清水 亮
- 頼朝と街道 鎌倉政権の東国支配 —— 木村茂光
- 大道 鎌倉時代の幹線道路 —— 岡 陽一郎
- 仏都鎌倉の一五〇年 —— 今井雅晴
- 鎌倉源氏三代記 一門・重臣と源家将軍 —— 永井 晋
- 鎌倉北条氏の興亡 —— 奥富敬之
- 三浦一族の中世 —— 高橋秀樹
- 弓矢と刀剣 中世合戦の実像 —— 近藤好和
- その後の東国武士団 源平合戦以後 —— 関 幸彦
- 荒ぶるスサノヲ、七変化 〈中世神話〉の世界 —— 斎藤英喜
- 曽我物語の史実と虚構 —— 坂井孝一
- 鎌倉浄土教の先駆者 法然 —— 中井真孝
- 親鸞 —— 平松令三
- 親鸞と歎異抄 —— 今井雅晴
- 畜生・餓鬼・地獄の中世仏教史 因果応報と悪道 —— 生駒哲郎
- 神や仏に出会う時 中世びとの信仰と絆 —— 大喜直彦
- 神仏と中世人 宗教をめぐるホンネとタテマエ —— 衣川 仁
- 神風の武士像 蒙古合戦の真実 —— 関 幸彦
- 鎌倉幕府の滅亡 —— 細川重男
- 足利尊氏と直義 京の夢、鎌倉の夢 —— 峰岸純夫
- 高 師直 室町新秩序の創造者 —— 亀田俊和
- 新田一族の中世 「武家の棟梁」への道 —— 田中大喜
- 皇位継承の中世史 血統をめぐる政治と内乱 —— 佐伯智広
- 地獄を二度も見た天皇 光厳院 —— 飯倉晴武
- 東国の南北朝動乱 北畠親房と国人 —— 伊藤喜良
- 南朝の真実 忠臣という幻想 —— 亀田俊和

歴史文化ライブラリー

中世の巨大地震——矢田俊文

大飢饉、室町社会を襲う！——清水克行

贈答と宴会の中世——盛本昌広

中世の富と権力 寄進する人びと——湯浅治久

出雲の中世 地域と国家のはざま——佐伯徳哉

中世武士の城——齋藤慎一

戦国の城の一生 つくる・壊す・蘇る——竹井英文

武田信玄——平山 優

徳川家康と武田氏 信玄・勝頼との十四年戦争——本多隆成

戦国大名毛利家の英才教育 元就・隆元・輝元と妻たち——五條小枝子

戦国大名の兵粮事情——久保健一郎

戦乱の中の情報伝達 使者がつなぐ中世京都と在地——酒井紀美

戦国時代の足利将軍——山田康弘

室町将軍の御台所 日野康子・重子・富子——田端泰子

名前と権力の中世史 室町将軍の朝廷戦略——水野智之

戦国貴族の生き残り戦略——岡野友彦

鉄砲と戦国合戦——宇田川武久

検証 長篠合戦——平山 優

織田信長と戦国の村 天下統一のための近江支配——深谷幸治

検証 本能寺の変——谷口克広

明智光秀の生涯——諏訪勝則

加藤清正 朝鮮侵略の実像——北島万次

落日の豊臣政権 秀吉の憂鬱、不穏な京都——河内将芳

豊臣秀頼——福田千鶴

ザビエルの同伴者 アンジロー 戦国時代の国際人——岸野 久

イエズス会がみた「日本国王」 天皇・将軍・信長・秀吉——松本和也

海賊たちの中世——金谷匡人

アジアのなかの戦国大名 西国の群雄と経営戦略——鹿毛敏夫

琉球王国と戦国大名 島津侵入までの半世紀——黒嶋 敏

天下統一とシルバーラッシュ 銀と戦国の流通革命——本多博之

各冊一七〇〇円～二〇〇〇円（いずれも税別）

▽残部僅少の書目も掲載してあります。品切の節はご容赦下さい。
▽品切書目の一部について、オンデマンド版の販売も開始しました。
詳しくは出版図書目録、または小社ホームページをご覧下さい。